박영규 선생님의 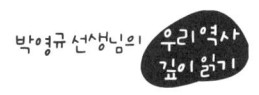 우리역사 깊이읽기

신라사 이야기 1
혁거세왕부터 눌지왕까지

그린이 **이용규**

청주대학교 서양화과를 졸업했습니다.
그린 책으로는 《벽화 속에 살아 있는 고구려 이야기》 《브람스 헝가리 춤곡》
《엄마가 쓴 동화》 《한국사 탐험대》 등이 있습니다.

박영규 선생님의 우리 역사 깊이 읽기
신라사 이야기 1
혁거세왕부터 눌지왕까지

1판 1쇄 발행 | 2006. 7. 7
1판 14쇄 발행 | 2019. 4. 27

박영규 글 | 이용규 그림

발행처 김영사 | 발행인 고세규
등록번호 | 제406-2003-036호
등록일자 | 1979.5.17
주 소 | 경기도 파주시 문발로 197 (우-10881)
전 화 | 마케팅부 031-955-3100 편집부 031-955-3113~20
팩 스 | 031-955-3111

ⓒ 2006 박영규
이 책의 저작권은 저자에게 있습니다.
저자와 출판사의 허락 없이 내용의 일부를 인용하거나 발췌하는 것을 금합니다.

값은 표지에 있습니다.
ISBN 978-89-349-2236-0 73900
ISBN 978-89-349-1949-0 (세트)

좋은 독자가 좋은 책을 만듭니다. 김영사는 독자 여러분의 의견에 항상 귀 기울이고 있습니다.
독자의견전화 031-955-3139 | 전자우편 book@gimmyoung.com | 홈페이지 www.gimmyoungjr.com
어린이들의 책놀이터 cafe.naver.com/gimmyoungjr | 드림365 cafe.naver.com/dreem365

어린이제품 안전특별법에 의한 표시사항
제품명 도서 제조년월일 2019년 4월 27일 제조사명 김영사 주소 10881 경기도 파주시 문발로 197
전화번호 031-955-3100 제조국명 대한민국 ⚠주의 책 모서리에 찍히거나 책장에 베이지 않게 조심하세요.

박영규 선생님의 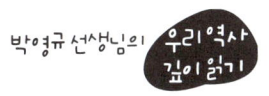 우리역사 깊이 읽기

신라사 이야기 1
혁거세왕부터 눌지왕까지

주니어김영사

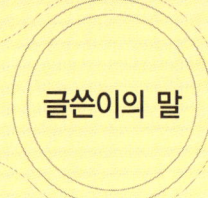

글쓴이의 말
어린이들에게 신라의 참모습을 일깨워 주기 위해서

신라를 흔히 '천년 왕국'이라고 한다. 정확하게 말해서 신라의 역사는 992년(기원전 57~935년)이다. 그리고 고려의 역사는 474년(918~1392년), 조선의 역사는 518년(1392~1910년)이다. 그런데 우리는 이 숫자들에서 재미있는 사실을 발견할 수 있다. 고려 역사 474년과 조선 역사 518년을 더하면 신라 역사 992년이 되는 것이다. 신라 역사의 길이는 조선 역사와 고려 역사를 합친 것과 같다는 말이다.

신라는 약 2,000년 전에 세워져 고려와 조선의 역사를 합친 시간만큼 유지되다가 약 1,000년 전에 몰락했다. 신라의 역사는 《삼국사기》와 《삼국유사》, 《화랑세기》 등의 우리 역사책과 중국과 일본의 여러 역사책에 전해 오고 있다.

그러나 신라의 역사는 자세하지 않다. 앞에 말한 여러 책에 전하고 있는 신라에 대한 이야기들은 신라 역사의 아주 일부일 뿐이다. 그 일부의 역사마저도 제대로 정리한 책이 별로 없다. 그런 탓에 신라에 대한 간단한 정보를 가지고 있는 사람도 많지 않다. 우선 신라 사람들이 누구인지도 잘 알지 못한다. 사실, 신라를 처음 세운 사람들은 원래부터 경상도 땅에 살던 사람들은 아니다. 그들은 만주 땅에서 망명해 온 고조선의 후예였다. 그러나 신라 백성 가운데에는 일본 사람도 있었고 삼한 사람도 있었다. 심지어 신라 왕 가운데에도 일본이나 마한 출신도 있었다.

신라 왕족은 박씨, 김씨, 석씨 세 성씨로 이루어졌다. 중국 역사와 우리 역사를 모두 뒤져 봐도 세 성씨가 하나의 왕조를 이룬 나라는 신라밖에 없다. 도대체 어떻게 이런 일이 생겼을까? 박씨는 신라를 세우고, 석씨는 신라의 기반을 닦았고,

김씨는 신라를 발전시켰다. 그렇다면 이들은 모두 고조선의 후예였을까? 아니다. 박씨는 고조선의 후예이고, 석씨는 일본 출신이며, 김씨는 마한 출신이다.

박씨의 시조 박혁거세는 고조선의 후예인 서라벌의 여섯 부족이 추대해 왕으로 세운 인물이다. 따라서 박씨는 고조선의 후예다.

하지만 신라 제4대 왕 석탈해는 일본 사람이다. 그는 일본 작은 섬나라의 왕자였다. 때문에 신라 왕들 가운데 석씨를 쓰는 왕에겐 일본의 피가 섞여 있는 셈이다. 박혁거세왕 시절에 재상을 지낸 '호공'이란 사람도 일본 출신이었다. 이렇듯 신라 백성들 속에는 일본 사람도 많이 섞여 있었다.

그렇다면 신라 김씨 왕조의 시조 김알지는 누구인가? 그는 마한 사람이다.(이에 대해서는 본문 속에 자세히 소개해 두었다.)

이렇듯 신라는 고조선의 후예와 일본에서 건너온 세력과 삼한 세력이 함께 세운 국가다. 하지만 우리는 이런 사실을 잘 알지 못한다. 또 이런 내용을 전해 주는 책도 쉽게 찾아볼 수 없다.

신라사에는 우리가 미처 발견하지 못했던 숨어 있는 이야기들이 수도 없이 많다. 하지만 그 이야기들을 전해 주는 책들은 전혀 없다.

역사는 크게 세 가지로 이루어져 있다. 첫 번째는 옛날이야기다. 그리고 두 번째는 그것에 대한 해석이며, 마지막으론 역사를 바라보는 시각이다. 하지만 지금 우리 어린이들이 읽고 있는 대부분의 역사책에는 이야기만 있고 해석과 시각이 없다.

특히 신라사처럼 오래된 역사는 단순히 이야기를 아는 것보다 해석과 시각을 아는 것이 더 중요하다.

이 책 《신라사 이야기》는 우리 어린이들에게 역사 이야기만 알려 주는 책이 아니라 역사적 해석과 시각까지 함께 전해 주는 책이 되고자 한다.

박영규

차례

제1대 혁거세왕실록
신라를 세운 혁거세왕 8

혁거세왕 가계도 18

❀ 신라사 깊이 읽기
건국신화의 왕들은
왜 알에서 태어났을까? 20

제2대 남해왕실록
백성들에 의해
왕위에 오른 남해왕 22

남해왕 가계도 24

❀ 신라사 깊이 읽기
삼한시대는 어떤 세상이었을까? 26

제3대 유리왕실록
이가 많아 왕이 된 유리왕 30

유리왕 가계도 32

제4대 탈해왕실록
상자에 실려 온 탈해왕 34

탈해왕 가계도 50

❀ 신라사 깊이 읽기
김수로왕의 부인 허황옥은
어느 나라에서 왔을까? 52

제5대 파사왕실록
형을 제치고 왕이 된 파사왕 56

파사왕 가계도 58

제6대 지마왕실록
많은 시련을 겪은 지마왕 60

지마왕 가계도 62

제7대 일성왕실록
여든이 다 되어 왕이 된 일성왕 64

일성왕 가계도 70

❀ 신라사 깊이 읽기
말갈족은 우리 민족과 어떤 관계가 있을까? 72

제8대 아달라왕실록
왕비에게 배신당한 아달라왕 76

아달라왕 가계도 82

제9대 벌휴왕실록
미래를 예언한 벌휴왕 84

벌휴왕 가계도 86

제10대 내해왕실록
가야를 손에 쥔 내해왕 88

내해왕 가계도 90

🌸 신라사 깊이 읽기
가야는 어떤 나라였을까? 92

제11대 조분왕실록
신라의 위상을 높인 조분왕 96

조분왕 가계도 102

제12대 첨해왕실록
왕위를 빼앗은 첨해왕 104

첨해왕 가계도 110

제13대 미추왕실록
신라의 수호신령이 된 미추왕 112

미추왕 가계도 122

제14대 유례왕실록
왜국 정벌을 꿈꾼 유례왕 124

유례왕 가계도 128

제15대 기림왕실록
왜와 화친을 추진한 기림왕 130

기림왕 가계도 132

제16대 흘해왕실록
어린 나이에
왕위에 오른 흘해왕 134

흘해왕 가계도 136

제17대 내물왕실록
허수아비로 왜군을
물리친 내물왕 138

내물왕 가계도 150

제18대 실성왕실록
조카를 해치려 한 실성왕 152

실성왕 가계도 162

제19대 눌지왕실록
볼모로 잡힌 동생들을
구한 눌지왕 164

눌지왕 가계도 172

🌸 신라사 깊이 읽기
박제상의 아내는 왜
망부석이 되었을까? 174

제1대 혁거세왕실록

신라를 세운 혁거세왕

혁거세왕의 신비한 출생

혁거세왕시대의 세계 약사

중국은 외척인 왕씨 세력이 정권을 장악한 한나라 말기였다. 왕씨 세력의 우두머리 왕망은 대사마 자리에 있으면서 성제, 애제, 평제 등을 갈아 치우고, 서기 3년에는 몇백 명의 정적을 없애고 천자 자리마저 탐냈다. 서양에서는 로마의 시저가 갈리아 전쟁을 일으키고, 폼페이우스와 충돌해 루비콘 강을 건너 반대 세력을 형성했다. 그 뒤 폼페이우스는 암살되고, 시저는 이집트와 소아시아에서 벌인 전쟁에서 이겼다. 하지만 시저는 기원전 44년 피살되고 옥타비아누스, 안토니우스, 레피두스의 제2차 삼두정치가 시작되었다.

옛날, 지금의 경상도에는 고조선의 유민(일정한 거처 없이 떠돌아다니는 백성)들이 여섯 마을을 이루어 살고 있었다. 그 마을 가운데 하나인 고허촌의 촌장 소벌공이 어느 날 양산 기슭에서 신비로운 광경을 보았다.

양산 기슭에는 우물이 하나 있었는데, 흰말 한 마리가 그 근처에 무릎을 꿇고 앉아 울고 있었다. 이를 본 소벌공이 우물가에 다가갔더니 말은 사라지고 큰 알만 덩그러니 놓여 있었다. 그리고 그 알이 깨지면서 속에서 어린아이가 나왔다.

소벌공이 아이를 안고 냇가에 가서 목욕을 시키자 몸에서는 빛이 나고 새와 짐승들이 춤을 추며 하늘과 땅이 울리고 해와 달이 밝아졌다. 그래서 소벌공은 아이의 이름을 '밝은 빛으로 세상을 다스린다.'는 뜻을 지닌 '혁거세'라고 지었다. 그리고 표주박처럼 생긴 알에서 나왔다 해서 성씨를 '박'이라고 했다.

여섯 마을 사람들은 혁거세의 탄생을 신비롭게 여겼고 그를 존경해 임금으로 삼았다.

《삼국사기》[1]와 《삼국유사》[2]에는 혁거세왕[3]의 탄생에 얽힌 신비한 이야기가 실려 있다.

사실 이처럼 신비한 이야기로 고대 왕국을 세운 건국 시조를 묘사하는 것은 어느 민족, 어느 나라에서나 볼 수 있는 일이다. 건국 시조를 보통 사람들과는 달리 특별한 인물로 그려 내기

1. **《삼국사기》**
고려 인종 때 김부식 등이 왕의 명령으로 펴낸 고구려, 백제, 신라의 역사책이다.

2. **《삼국유사》**
고려 충렬왕 때 승려 일연이 고구려, 백제, 신라에 전해 내려오는 이야기를 엮은 책이다.

3. **혁거세왕**
(기원전 69~서기 4)
신라의 건국 시조(재위 기간 기원전 57~서기 3)이며, 박씨의 시조다.

나정

혁거세가 알에서 태어났다는 탄생 설화가 깃든 우물이다.

경상북도 경주시 탑동

위해 알에서 태어났다고도 하고, 하늘에서 내려왔다고도 하는 건국 신화는 물론 지어낸 이야기다. 하지만 그 속에는 당시의 역사가 녹아 있다.

그렇다면 혁거세왕의 신화에 나타난 역사적 배경은 무엇일까? 그 숨겨진 뜻을 알아보자.

신라를 이룬 여섯 마을

4. 마한

기원전 1세기부터 3세기에 걸쳐 한반도 중부 지방(현재의 경기·충청·전라 지역)에 있는 54개의 작은 나라로 이루어진 고대 부족 국가다.

옛날 한반도 중남부를 마한[4]이라는 나라가 다스리고 있었다. 마한의 북쪽에는 본래 고조선이 있었는데 고조선이 망하면서 유민들이 마한 땅으로 흘러들었다. 그리고 중국 땅에서는 중국 최초의 통일 국가인 진나라가 대륙을 차지하자 한반도에서 가까운 곳에 살던 사람들이 마한 땅으로 도망쳐 왔다.

　마한의 왕은 그 유민들을 지금의 경상도 지역에 살도록 했는데, 이로써 진한과 변한이 생겨났다. 그래서 흔히 이 시대를 진한, 변한, 마한의 '삼한시대'라고 부르기도 한다.

　진한에는 고조선 유민들이 살던 양산촌, 고허촌, 진지촌, 대수촌, 가리촌, 고야촌이 있었다.

　혁거세왕이 태어난 알이 양산에서 발견되었다는 것은 혁거세왕이 양산촌 사람임을 뜻한다.

　또한 《삼국유사》에서는 여섯 마을의 촌장이 혁거세왕의 신비한 출생을 함께 본 것으로 되어 있다. 그리고 《삼국사기》에서는 고허촌장 소벌공이 혼자 발견했고 나중에 여섯 마을 사람들이 함께 왕으로 삼았다고 전하고 있다. 이는 양산촌 출신의 혁거세왕이 고허촌 사람들의 도움을 받아 여섯 마을의 왕이 되었다는 뜻이다.

　중요한 부분은 여섯 마을 사람들이 혁거세를 왕으로 세웠다는 내용이다. 본래 진한은 마한 땅이기 때문에 혁거세왕 이전까지 마한에서 뽑아 보낸 사람이 진한을 다스렸다. 말하자면 진한의 여섯 마을 사람들은 혁거세왕 때부터 마한의 지배에서 벗어나 진한 출신 사람을 왕으로 세운 셈이다.

　혁거세왕은 기원전 69년에 태어났으며 열세 살이 되던 기원전 57년에 왕이 되었는데, 이때를 신라의 출발점으로 삼는다.

　양산촌 출신의 혁거세왕이 특히 고허촌 사람들의 도움을 받았다는 것은 혁거세왕의 비 알영이 고허촌 사람인 사실에서도

알영정

알영이 태어났다고 전해지는 우물이다.

경상북도 경주시 탑동

잘 알 수 있다. 《삼국유사》에서는 알영이 사량리의 알영 우물에 나타난 계룡의 옆구리에서 태어났다고 전하고 있는데, 여기에서 알영이 고허촌의 사량리 사람임을 알 수 있다.

　진한의 여섯 마을 사람들은 혁거세왕의 신비한 탄생 신화를 통해 마한의 지배에서 벗어나기 위해 자신들이 직접 왕을 세운 사실을 화려하게 장식했다. 이때부터 신비롭게 묘사된 건국 신화에 걸맞는 천 년 왕국 신라의 역사가 시작된다.

마한에서 독립한 왕국, 신라

　　　　　　　　　혁거세왕을 시조로 해서 세워진 신라는 처음에는 서라벌이라고 불렸다. 또 사로, 계림이라고도 했으며 신라라는 이름은 제22대 지증왕 때 붙여졌다.

신라는 혁거세왕과 그의 왕비 알영에 대한 신비한 이야기를 지어내어 '두 명의 성인이 나타났다.'고 하며 나라를 세운 명분으로 삼았다. 그리고 마한의 지배에서 벗어나 해마다 공물을 바치던 일도 그만두었다.

혁거세왕이 왕의 자리에 오른 지 38년이 되는 해인 기원전 20년 정식으로 마한에 외교 사절을 보냈다. 이때 외교 사절로 마한에 간 사람은 호공이라는 신하였다.

하지만 마한의 왕은 자신의 지배에서 벗어나 왕국을 세우고 공물도 바치지 않는 신라에 잔뜩 화가 나 있었다. 그래서 호공을 보자마자 무섭게 꾸짖었다.

"진한과 변한은 우리의 속국인데, 몇 해 전부터 공물을 보내오지 않았다. 대국을 섬기는 예절이 이와 같아서 되겠는가?"

그러자 호공은 전혀 주눅 든 기색 없이 당당하게 대답했다.

"우리나라에 두 성인이 나타나 사회가 안정되고 창고에는 곡식이 가득 차 있으며 백성들은 예절을 알게 되었습니다. 그리하여 진한의 유민들은 물론 변한, 낙랑, 왜인에 이르기까지 우리를 두려워하고 섬기지 않는 자가 없습니다. 그런데도 우리 임금이 겸손해 이렇게 저를 마한에 보내셨으니, 이는 오히려 지나친 예절이라고 할 수 있습니다. 그런데 대왕께서 크게 화를 내고 위협하시니, 이는 무슨 까닭입니까?"

이 말을 들은 마한 왕은 더욱 화가 나서 소리쳤다.

"뭣이! 저놈을 당장 잡아 죽여라!"

하지만 마한의 신하들이 왕을 달래어 호공은 무사히 신라로

낙랑

낙랑은 중국에 있었던 한사군 낙랑군이 있고 한반도에 있던 낙랑국이 있다. 낙랑국은 흔히 동예라고 불리는 나라이다. 여기 등장하는 낙랑은 한반도의 낙랑으로 동예를 가르킨다.

돌아올 수 있었다.

이 사건은 그 당시에 마한의 힘은 약해지고 신라의 힘이 강해졌다는 사실을 말해 준다. 그리고 마한이 약해진 틈을 타서 진한과 변한이 마한으로부터 독립했다는 것도 알 수 있다. 신라는 무너져 가는 마한 왕조에 맞선 대표적인 독립 국가였다.

신라 침략을 포기한 낙랑 군

진한의 여섯 마을을 합쳐 나라를 세운 신라는 변한의 작은 나라들까지 합쳤다. 또 북쪽으로도 세력을 넓혀 낙랑과 국경을 마주하게 되었고 그 때문에 두 나라는 자주 다투었다.

낙랑은 세력을 키워 가는 신라에 위협을 느끼고 마침내 기원전 28년 4월에 군대를 이끌고 신라를 공격하려 했다.

"우리 땅으로 밀고 올라오는 신라를 가만 놔 둘 수는 없다. 신라를 공격하려고 하니 먼저 국경 근처를 살피도록 해라."

낙랑의 왕은 군대를 준비시켜 놓고 군사들에게 신라의 사정을 살피라고 명령했다. 신라의 국경 근처를 살피고 돌아온 군사는 이렇게 말했다.

"신라의 백성들은 문을 잠그지 않고 지내며, 들판에는 곡식이 가득 쌓여 있었습니다."

낙랑국 수막새

낙랑국의 유물인 수막새는 지붕의 처마 끝을 꾸미는 기와로 수키와 끝에 붙어 있다.

국립중앙박물관 소장

또 "신라 사람들은 도둑질을 하지 않으니, 도덕이 있는 나라입니다."라며 감탄했다. 이에 낙랑 군은 신라를 침략하려던 생각을 버리고 군사를 돌려 낙랑으로 돌아갔다.

낙랑 군이 도덕적인 신라 사람들의 모습에 감동받아 침략을 포기했다는 이 이야기는 결국 신라가 부유하고 안정되어 있어 침략하기에 만만한 상대가 아니었다는 뜻을 담고 있다.

낙랑 군이 스스로 물러갈 정도로 신라를 튼튼하게 만든 데는 혁거세왕의 현명한 정치가 큰 역할을 했다.

혁거세왕은 이제 막 세운 신라를 안정시키는 일을 가장 중요하게 생각했다. 그리하여 다른 나라를 무리하게 침략해 영토를 넓히기보다는 신라의 힘을 기르는 데 신경썼다.

혁거세왕은 기원전 19년에 마한의 왕이 갑자기 세상을 떠나 마한의 힘이 매우 약해졌을 때도 이 기회에 마한을 정벌하자는 여러 사람들의 주장에 반대했다.

"다른 사람의 재난을 우리의 행복으로 여기는 것은 잘못된 일이오. 왕이 죽은 틈을 타서 마한을 정벌해서는 안 되오."

오히려 혁거세왕은 마한 왕의 죽음을 슬퍼하는 조문 사절단을 보내 마한 왕실을 위로했다. 혁거세왕의 이런 결정은 매우 현명했다. 어차피 무너져 가는 마한을 섣부르게 공격했다가는 오히려 다시 힘을 모아 공격해 올 수도 있었기 때문이다.

혁거세왕은 이처럼 평화와 안정을 유지하며 천 년 왕국 신라의 기초를 차분히 닦아 나갔다.

몸이 다섯 동강 나서 죽은 혁거세왕

《삼국사기》에는 혁거세왕이 왕의 자리에 오른 지 60년이 되는 해에 대해 다음과 같은 기록을 남기고 있다.

'두 마리의 용이 금성 우물에 나타났다. 우레와 비가 심하고 성의 남문이 벼락을 맞았다.'

용은 왕을 상징하고, 금성은 신라의 옛 이름이자 경주를 이르는 말이기도 하다. 이 기록은 신라에 왕권을 두고 크게 다투는 두 세력이 나타났다는 것을 말해 준다.

이때 혁거세왕은 일흔 두 살의 노인이었기 때문에 누구에게 왕위를 물려줄 것인가가 중요한 문제였다. 따라서 바로 이 문제 때문에 세력 다툼이 벌어졌던 것으로 보인다. 본래 여섯 마을이 힘을 모아 만든 나라이니만큼 신라에서는 여러 세력이 왕을 세우려고 다툴 수밖에 없었다.

혁거세왕에 이어 왕이 된 남해왕은 맏아들이 아니었으며 태자였다는 기록도 없다. 그리고 혁거세왕에게 왕위를 물려받은 것이 아니라 백성들이 세운 왕이다. 이는 아마도 혁거세왕 말기에 반란이 일어나 태자는 죽고 왕자 가운데 하나였던 남해가 왕이 되었다는 뜻인 듯하다.

그렇다면 혁거세왕은 어떻게 되었을까? 《삼국유사》에는 다음과 같이 기록되어 있다.

'나라를 다스린 지 61년 만에 왕이 하늘로 올라갔는데, 이레 뒤에 유해(죽은 사람의 몸이나 뼈)가 땅에 떨어졌으며 왕후 또한 죽었다.'

이는 왕과 왕후가 같은 시기에 세상을 떠났으며 시체는 일주일이나 지나서 발견되었다는 뜻이다.

《삼국유사》에는 이런 기록도 있다.

'사람들이 합장(여러 사람의 시체를 한 무덤에 묻음)을 하려고 했더니 큰 뱀이 나타나 방해해 다섯 동강 난 몸을 다섯 능에 각각 장사 지내고 이름을 사릉이라 하니, 담엄사 북쪽 왕릉이 바로 이것이다.'

이것은 혁거세왕의 시신이 다섯 동강 나 있었고, 시신을 묻으려는 것을 방해하는 세력이 있었다는 말이다.

기록에서는 이처럼 은유적으로 설명하지만 그 내용을 자세히 살펴보면 혁거세왕은 말기에 내란을 겪었으며 그 때문에 비참하게 죽음을 당한 것으로 추측할 수 있다. 건국 시조를 욕되게 하면 세운 지 얼마 되지도 않은 나라가 위태로워질 수도 있으므로 신비로운 이야기로 역사를 포장한 것이다.

이처럼 혁거세왕이 이상한 죽음을 맞은 것은 신라가 아직 강력한 왕권 국가가 아니었음을 뜻한다. 여섯 마을이 힘을 모아

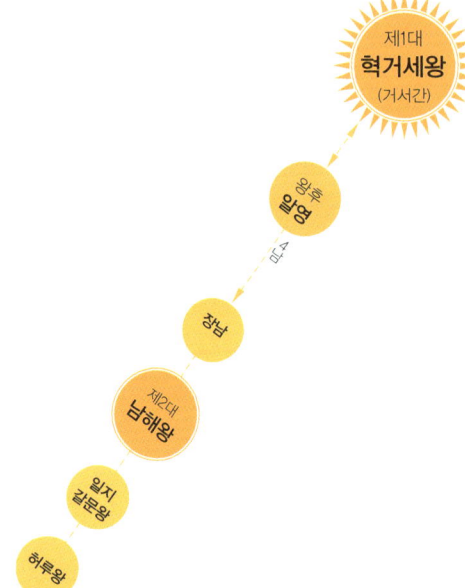

오릉

혁거세왕의 능으로 사릉(蛇陵)이라고도 한다. 《삼국사기》에는 혁거세왕, 남해왕, 유리왕, 파사왕 등 다섯 왕의 능이라고 되어 있다.

경상북도 경주시 탑동

세운 나라이기 때문에 나랏일이나 왕위 계승에서도 여러 세력이 모여 의견을 나누고 타협했을 것이다.

이런 신라의 상황은 만장일치로 중요한 결정을 내리는 풍습으로 이어졌으며 박씨, 석씨, 김씨가 돌아가면서 왕위에 오르는 독특한 체제를 만들어 냈다.

신라사 깊이 읽기

건국 신화의 왕들은 왜 알에서 태어났을까?

우리나라 고대 역사를 살펴보면 알에서 태어난 왕들이 많습니다.

고구려의 시조인 주몽을 비롯해 신라의 시조 박혁거세, 신라 석씨 왕조의 시조 석탈해, 신라 김씨 왕조의 시조 김알지, 가야의 시조 수로왕 등이 모두 알에서 태어났다는 신화를 가지고 있습니다.

그렇다면 왜 하나같이 고대 국가의 시조는 알에서 태어났을까요?

먼저 '알'의 모양과 기능에 대해 생각해 봅시다.

'알'은 둥글고, 그 안에서 새로운 생명체가 태어납니다.

옛날 사람들은 자연물을 소중히 여기고 신성하게 대했는데, 인간의 힘이 미치지 못하는 것일 때는 더욱 그러했습니다.

농경 사회였던 옛날에는 농사에 가장 큰 영향을 끼치는 태양을 가장 위대한 것으로 생각했습니다. 그래서 고대에는 세계 어디에서나 태양을 신으로 섬긴 예가 많았습니다.

고대 사람들은 둥그런 '알'이야말로 태양을 닮았다고 생각했으며, 하늘을 나는 새가 땅에 사는 인간에게 내려 준 '신성한 것'으로 여겼습니다. 그러므로 알은 곧 태양이요, 하늘에서 온 신성한 것이지요.

게다가 스스로 껍질을 깨고 나온다는 것은 부모의 몸을 빌리지 않고 혼자 이 세상에 나타난 신적인 존재라는 뜻을 가지고 있습니다.

따라서 이러한 난생 설화(알에서 태어났다는 이야기 구조를 가진 설화)는 백성들에게 왕이 보통 사람이 아닌 신적인 존재이며, 하늘에서 보낸 신성하고 존귀한 인물이라는 점을 가슴 깊이 새기게 하는 효과를 가져왔습니다. 그럼으로써 백성들이 더욱 왕을 잘 따르고 숭배하도록 만든 것이지요.

해의 신

고구려 고분인 오회분 제4호묘 벽화 속에 있는 해의 신 모습이다. 태양은 매우 신성한 존재였으며 둥그런 알은 곧 태양으로 여겨져 신성한 것으로 생각했다. 이 고분을 통해 신라뿐만 아니라 고구려에서도 태양을 신성하게 여겼음을 알 수 있다.

중국 길림성 집안시 대왕촌

한 나라를 세우는 것은 예나 지금이나 중요하고도 어려운 일입니다. 이때 반드시 필요한 것이 지도자에 대한 백성들의 믿음과 충성심입니다.

왕들은 불안한 백성들에게 자신이 처음부터 뭔가 다른 존재라고 믿게 할 필요가 있었습니다. 그래서 처음으로 나라를 세운 건국 시조를 신처럼 여기게 했던 것입니다.

이 같은 난생 설화는 우리나라에만 있는 특이한 현상이 아니라 중국, 유럽 등 세계 고대 신화에서도 발견할 수 있는 일반적인 이야기입니다.

자연을 두려워하고 숭배하던 옛날에는 세계 어느 곳에서건 자연물의 힘과 권위를 빌려서라도 초인적인 영웅이나 지도자가 나타나서 자신들을 안전하게 보호해 주기를 바랐기 때문이 아닐까요?

제2대 남해왕실록

백성들에 의해 왕위에 오른 남해왕

남해왕시대의 세계 약사

중국에서는 한의 외척 왕망이 유씨 왕조를 무너뜨리고 스스로 천자에 올라 신(新)을 세웠다. 왕망은 계속되는 흉노의 침략을 막아 내다 급기야 흉노를 치기에 이르렀다. 23년에는 한 왕실의 후예들이 군대를 일으켜 유현을 황제로 옹립, 후한(동한)을 세웠다. 그해에 후한의 유수 군대는 왕망의 군대를 무찌르고, 왕망을 죽였다.
서양에서는 로마 땅으로 게르만족이 밀려들었다. 8년에 로마 군이 토이토부르크에서 게르만과 싸웠으나 졌고, 14년에는 아우구스투스가 세상을 떠나고 티베리우스가 즉위했다. 그는 19년에 노예 해방령을 발표해 큰 파장을 불러일으켰다.

석탈해를 사위로 삼은 남해왕

혁거세왕이 세상을 떠난 뒤 왕이 된 사람은 혁거세왕의 둘째 아들 남해였다. 흔히 '남해왕'은 '차차웅'이라고도 불리는데, 이는 '두 번째 왕'이라는 뜻이다. 혁거세왕 말기에 일어난 왕위 다툼으로 혁거세왕과 왕비 알영, 태자가 죽는 바람에 왕이 된 남해왕은 항상 불안해했다.

"두 분(혁거세와 알영)의 성인이 세상을 떠나시고 내가 백성들에 의해 왕위에 올랐으나, 이는 잘못된 일이다."

예상하지 못한 일이 일어나 갑작스레 왕위에 오른 남해왕은 이렇게 말하면서 탄식하곤 했다.

남해왕은 왕위에 오른 지 얼마 되지 않아 낙랑의 군대가 쳐들어오자 한숨을 내쉬었다.

"지금 이웃 나라가 쳐들어왔으니, 이는 내가 덕이 없는 탓이다. 이를 어쩌면 좋단 말인가?"

낙랑 군을 간신히 물리친 남해왕은 여전히 자신 없고 불안한 기운을 떨쳐 내지 못했다. 그래서 믿고 의지할 만한 인물을 찾게 되었다. 이때 석탈해라는 사람이 현명하고 용맹하다는 소문을 들은 남해왕은 곧 그를 불러들였다.

남해왕은 소문대로 석탈해의 사람됨이 남다르다고 생각해 사위로 삼았다. 그리고 대보 자리에 앉혀 군사와 정치에 대한 일을 모두 맡겼다. 대보는 오늘날의 국무총리나 수상과 같은

1. 남해왕 (?~24)

신라 제2대 왕으로 박혁거세의 아들(재위 기간 4~24)이다. 왕이라는 말이 생기기 전에는 최고 권력자를 차차웅, 거서간, 이사금, 마립간 등으로 불렀는데 남해왕은 차차웅, 거서간 등으로 불렸다.

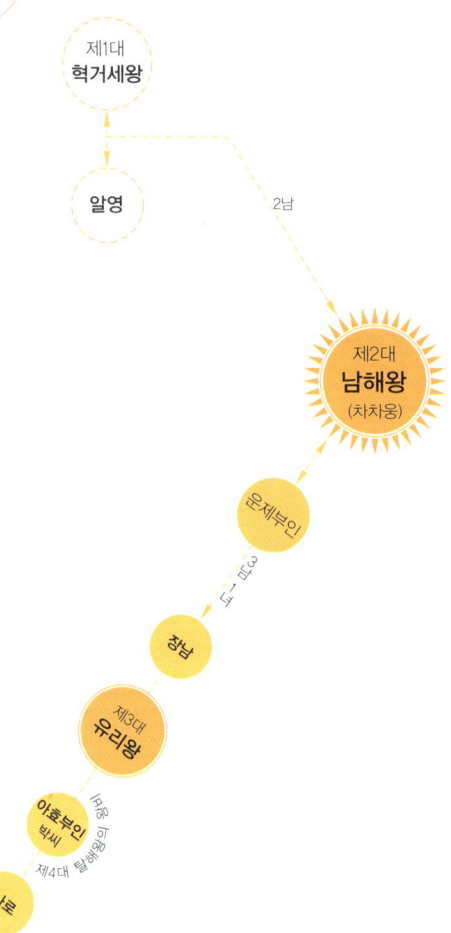

자리였다.

 하지만 남해왕은 그 뒤에도 계속 어려움을 겪었다. 가뭄과 흉년이 들고 왜인들이 배를 타고 쳐들어오는가 하면 낙랑 군이 다시 공격해 오기도 했다. 게다가 메뚜기 떼가 곡식을 다 갉아먹어 백성들이 굶주리기도 했으며 전염병이 돌기도 했다.

 그때마다 석탈해가 어려운 일을 잘 해결해 나갔지만 남해왕은 왕위에 있는 내내 불행한 일을 겪어야 했다.

 그러다 남해왕은 왕이 된 지 21년 만에 숨을 거두었는데, 이때 그는 다음과 같은 유언을 남겼다.

 "탈해와 유리 가운데 나이가 많은 사람이 왕위를 이으라."

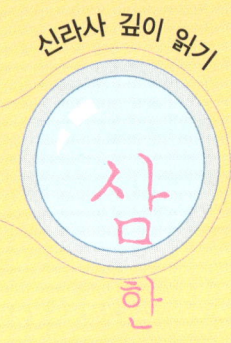

신라사 깊이 읽기

삼한시대는 어떤 세상이었을까?

삼한은 마한, 진한, 변한을 가리킵니다. 그래서 이 셋을 합해 삼한시대라고 합니다.

그렇다면 마한, 진한, 변한은 나라일까요? 아닙니다. 그런데 왜 삼한이라고 부를까요? 그에 대한 대답은 간단하지 않습니다.

우리가 흔히 삼한이라고 부르는 마한, 진한, 변한은 모두 78개의 작은 나라로 이루어져 있습니다. 그리고 이 가운데 54국은 마한, 12국은 진한, 나머지 12국은 변한입니다.

마한은 지금의 경기도, 충청도, 전라도 지역이며 진한은 지금의 경상북도와 경상남도 일부 지역입니다. 그리고 변한은 경상남도와 전라남도 일부 지역입니다.

하지만 이렇게 지역만 구분될 뿐 마한, 진한, 변한은 나라가 아닙니다. 단지 종족을 구분한 것일 뿐입니다.

삼한을 통틀어 부르던 나라 이름은 진(辰)이며, 진의 도읍은 월지국(목지국이라고도 함)이었습니다. 월지국의 왕이 삼한의 나머지 국가들을 다스렸습니다. 그렇다고 월지국의 왕이 다른 나라의 왕을 임명하지는 않았습니다.

삼한시대는 조선시대나 고려시대처럼 한 명의 왕이 모든 지역을 다스리던 시대가 아니었습니다. 각 나라는 모두 독립된 국가인데, 그 가운데에서 월지국이 가장 힘이 셌습니다. 그래서 월지국의 우두머리를 왕으로 받들고, 나머지 나라의 우두머리들은 제후가 되는 형태였습니다.

당시 월지국 왕은 진왕으로 불렸고, 나머지 국가 가운데

삼한시대

큰 나라의 우두머리는 신지, 작은 나라의 우두머리는 읍차라고 불렸습니다.

신지와 읍차는 해마다 진왕에게 조공(작은 나라가 큰 나라에 물건이나 곡식을 바치는 일)을 했는데, 만약 그들 가운데 조공을 하지 않는 사람이 있으면 진왕은 자신을 배반한 것으로 여기고 군대를 동원해 공격했습니다. 때문에 진왕보다 힘이 약한 신지와 읍차들은 진국을 섬기는 징표로 해마다 조공을 해야만 했습니다.

그런데 큰 변화가 생겼습니다. 진시황제가 연나라를 무너뜨리고 위만이 고조선을 무너뜨리면서 수많은 사람들이 망명해 온 것입니다. 그래서 고조선과 연나라에서 망명해 온 사람들이 진한과 변한을 세우게 되었던 것입니다.

원래 진국에는 53국만 있었고, 진국을 이룬 사람들을 한족이라고 했습니다. 그런데 진시황제가 중국을 통일한 뒤 북쪽에서 연나라와 고조선 종족이 망명해 진한과 변한 24국을 세웠습니다. 그 뒤로 원래 있던 진국의 한족은 마한으로 불렸고, 여기에 망명 세력인 진한과 변한이 더해지면서 삼한이라고 부르게 되었습니다.

처음에 진한과 변한의 24국은 마한의 중심국인 월지국에 조공을 바쳤으며, 왕도 마한에서 파견했습니다. 그러나 월지국의 힘이 약해지면서 신지와 읍차들 가운데에서 조공을 바치지 않는 사람들이 생겨나기 시작했습니다. 또한 진한과 변한에서도 조공을 하지 않았습니다. 특히 서라벌(신라)은 진한과 연합해 힘을 키웠습니다.

마한의 왕은 신라에 대해 몹시 분하게 여겼지만, 신라에 새로운 왕인 박혁거세가 나타나 월지국보다 더 큰 세력을 만들자 월지국 왕은 신라를 응징할 수 없었습니다.

그런데 얼마 뒤에 고구려의 시조 동명성왕이 세상을 떠나자,

그곳 백성들이 갈라져 많은 사람이 마한으로 망명해 왔습니다. 그들이 바로 백제였습니다. 그래서 77국이었던 삼한에 백제가 더해져 모두 78국이 되었던 것입니다.

백제도 처음에는 마한 왕에게 조공을 바치며 제후로 지냈습니다. 그러나 백제의 왕 온조는 힘이 강해지자 조공을 그만두고 오히려 마한을 공격했습니다.

마침내 서기 8년 10월, 백제의 온조왕은 월지국을 공격해 마한 왕조를 무너뜨렸습니다. 결국 마한 왕조인 진국은 백제의 힘에 무릎 꿇어 멸망했고, 삼한시대도 막을 내렸습니다.

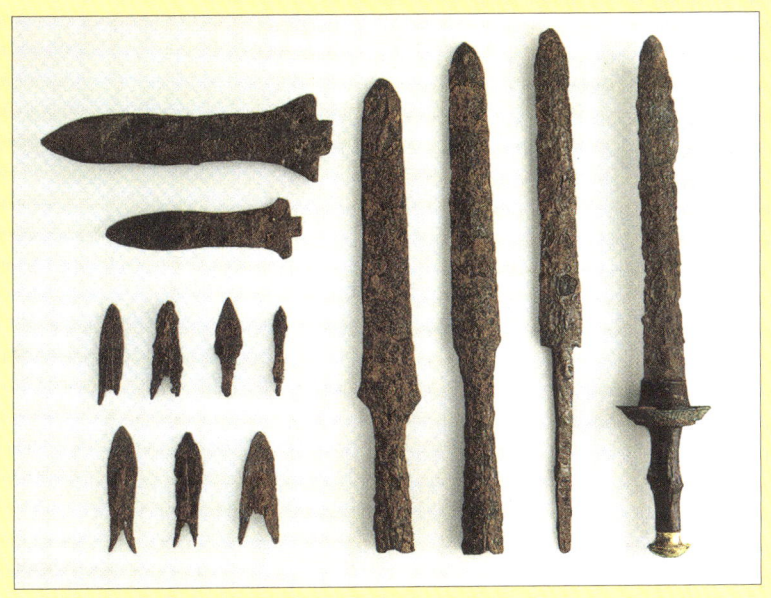

철제 무기

삼한시대 때의 철제 무기다. 삼한시대는 철기가 제작되고 사용되는 시기였다.

국립중앙박물관 소장

제3대 유리왕실록

이가 많아 왕이 된 유리왕

여러 업적을 남긴 유리왕

유리는 남해왕의 태자였다. 남해왕은 석탈해와 자신의 태자를 똑같이 대하며 석탈해에게 왕의 자리까지 물려주려고 했다. 그만큼 석탈해의 능력이 뛰어나고 영향력이 매우 컸다는 뜻이다.

유리왕은 성품이 겸손해 석탈해에게 왕위를 양보하려고 했다. 그러자 석탈해는 왕위를 사양하기 위해 꾀를 냈다.

"훌륭하고 지혜 있는 사람은 이가 많다고 하니 떡을 깨물어 이가 많은 사람이 왕이 되는 것이 어떻겠습니까?"

이가 많은 사람을 지도자로 뽑는 풍습은 이미 부족시대 때부터 전해 내려오고 있었기에 사람들은 모두 석탈해의 말에 찬성했다. 두 사람이 떡을 깨물어 본 결과 유리의 이가 더 많아 왕위

유리왕시대의 세계 약사

중국에서는 왕망이 몰락하고 유현이 후한을 세웠다. 유현이 2년 동안 왕위에 머무르다가 서기 25년에 광무제 유수가 왕이 되었다. 유수는 낙양에 도읍을 정하고, 세력을 넓혀 37년에 중국을 통일했다. 서양 로마에서는 예수가 활동하다 처형되었다. 또 클라우디우스가 황후 아그리피나에게 독살되고, 그녀의 아들 네로가 왕위에 올랐다.

에 오르게 되었다.

　석탈해는 유리왕 때에도 여전히 대보 자리에 앉아 나랏일을 돌보았다.

　유리왕은 이가 많아 왕이 되었다고 해서 '이사금'이라고 불리기도 한다. 이사금은 '이의 자국'이라는 뜻이며 '이사금-니슨금-닛금-니은금-임금' 등으로 조금씩 발음이 변했다. 결국 이사금은 '임금'이라는 단어의 원형인 셈이다.

　유리왕은 불안했던 남해왕과는 달리 신라를 안정되게 이끌어 갔다. 여기에는 대보 석탈해의 도움이 컸을 것이다.

　유리왕은 신라의 출발점이었던 여섯 마을의 이름을 바꾸고 마을마다 고유의 성씨를 내렸다. 이때부터 이씨, 최씨, 손씨, 정씨, 배씨, 설씨 등이 생겨났다. 그리고 관직도 17등급으로 나누어 신분에 따라 오를 수 있는 등급을 구분했다. 신라의 신분 제도가 본격적으로 갖추어진 것이다.

　유리왕 때는 문화도 크게 발달했다. 여섯 마을의 부녀자들이 두 편으로 나누어 7월 16일부터 8월 15일까지 길쌈 시합을 벌여 8월 15일에 진 쪽이 이긴 쪽에 술과 음식을 대접하도록 했다. 이것이 추석의 기원이다.

　그리고 농기구와 수레 등도 널리 쓰였고 얼음을 넣어 두는 빙고도 만들어졌다. 이로써 농경문화가 크게 발전했다는 사실을 알 수 있다.

　이렇게 여러 업적을 남긴 유리왕은 왕이 된 지 34년 만에 숨을 거두면서 이런 유언을 남겼다.

1. 유리왕 (?~57)

유리이사금이며, 신라 제3대 왕(재위 기간 24~57)이다.

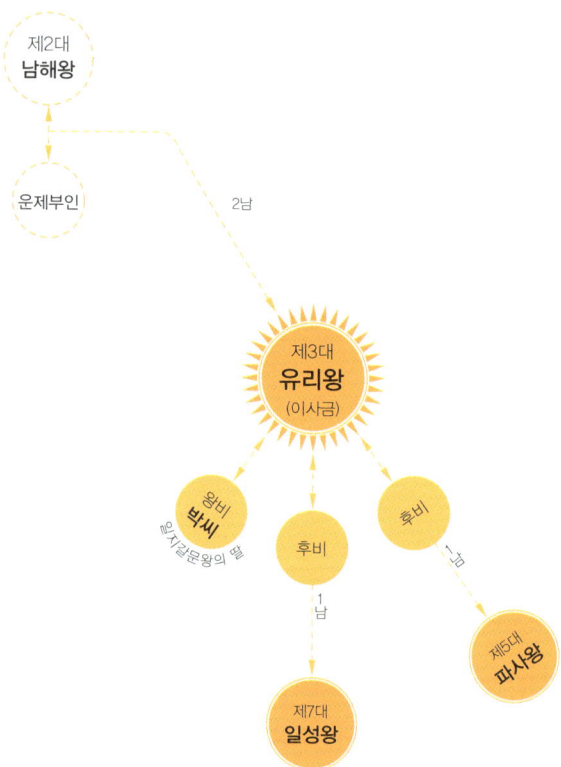

길쌈하는 모습

길쌈은 실을 내어 옷감을 짜는 일로, 농경과 더불어 농가의 중요한 소득원이 되었다.

"석탈해는 공을 많이 세웠고 나의 두 아들보다 재능도 뛰어나니, 내가 죽은 뒤에는 석탈해를 왕위에 오르게 하라. 나의 유언을 잊지 마라."

결국 유리왕은 탈해에게 왕위를 양보하려 했던 생각을 버리지 않고 이룬 셈이다. 도대체 석탈해가 어떤 인물이기에 남해왕과 유리왕이 모두 그를 높이 대우하고 왕위까지 넘겨준 것일까?

제4대 탈해왕실록

상자에 실려 온 탈해왕

바다에 버려졌던 아이, 석탈해

혁거세왕이 왕위에 오른 지 39년이 되는 해(기원전 19년)에 신라 땅 아진포 앞바다에 이상한 배가 한 척 나타났다. 배 주위에 까치들이 몰려들어 마치 배를 안내하듯 에워쌌다.

본래 이 배는 금관국¹ 앞바다에 먼저 도착했다. 그러나 이를 본 금관 사람들이 이상하게 여겨 배를 돌려보내 결국 신라 앞바다까지 다다르게 되었다. 배가 바닷가에 닿자 그곳에 살고 있던 할머니가 가까이 다가갔는데, 이 할머니는 혁거세왕의 어머니 아진의선이었다.

배에는 상자가 하나 실려 있었고 많은 노비들이 함께 타고 있었다. 상자를 열어 보니 어린아이가 들어 있었다. 그 아이가

탈해왕시대의 세계 약사

중국은 후한의 광무제, 명제, 장제 시대로, 중원 통일 이후 국가 기강을 다지는 시기였다. 북에서는 흉노와 선비가 후한과 맞섰지만, 후한 조정은 외족들을 다독여 화친을 맺는 데 성공했다. 채음 등이 서역에서 불경을 들여와 불교를 퍼뜨렸고, 동시에 유학도 크게 장려했으며, 연립 1차 방정식의 해법이 만들어졌다. 로마에서는 네로 황제가 로마를 불태우고 기독교를 박해하다가 68년 내란이 일어나 스스로 목숨을 끊어 황실이 큰 혼란에 휩싸였다.

바로 탈해왕[2]이었다.

석탈해는 본래 용성국[3] 국왕 함달파와 적녀국[4] 출신의 왕비 사이에서 태어난 아들이었다.

왕비는 임신한 지 7년 만에 큰 알을 낳았다. 그러자 왕이 말했다.

"사람이 알을 낳았으니 몹시 불길하다. 버리는 것이 마땅하다."

왕은 알을 상자에 넣어 바다에 버리게 했는데, 그 알에서 나온 아이가 석탈해였다. 석탈해를 발견한 아진의선은 까치라는 뜻의 '석' 자를 성씨로 삼고, 아이가 상자를 풀고 알을 벗고 나왔다는 뜻에서 '탈해'라고 이름 지었다.

탈해는 어른이 되자 키가 9척이나 되었고, 고기를 잡아 아진의선을 모셨다. 그는 무척 지혜로웠고 학문과 지리에 매우 밝았다.

이 이야기는 《삼국유사》에 나오는 석탈해의 출생에 대한 내용이다. 알에서 태어났다는 것은 물론 지어낸 이야기지만 이 이야기에는 석탈해의 출생에 대한 비밀이 숨어 있다.

먼저 석탈해는 용성국 출신이다. 《삼국사기》에서는 다파나국 출신이라고 되어 있는데, 이 나라들은 모두 왜국의 동북쪽, 오늘날로 치면 울릉도 동남쪽의 섬나라로 추측된다. 당시 일본에는 큰 나라 없이 작은 나라들이 수없이 많았고 한반도와 교류를 많이 했기 때문에 섬나라에서 버려진 아이가 배에 실려 신

1. 금관국
금관가야. 본가야라고도 하며 6가야 가운데 우두머리 나라다.

2. 탈해왕 (?~서기 80)
탈해이사금이며 신라 제4대 왕(재위 기간 57~80)이다.

3. 용성국
울릉도 동남쪽에 있었을 것으로 추측되는 나라다.

4. 적녀국
옥저의 동쪽 바다 가운데에 있는 섬으로 여인국을 가리키는 것으로 보인다.

라로 흘러오는 일은 실제로 일어날 수 있었다.

그렇다면 석탈해가 버려진 이유는 무엇일까? 석탈해는 왕과 왕비 사이에서 태어난 아들이 아니라 왕비와 왕이 아닌 다른 남자 사이에서 태어난 아이였을 가능성이 높다. 7년 만에 알을 낳았다고 비유한 것은 이 때문이다.

당시에는 오늘날처럼 윤리와 가족 제도가 분명하지 않아 부녀자가 여러 남자와 관계를 가지는 일이 많았다. 심지어 어떤 남자의 아이인지 몰라 어머니의 성씨를 따르게 하는 경우도 많았다. 지금으로서는 상상하기 힘들 정도로 자유분방한 사회였다는 것을 알 수 있다.

석탈해는 바다 건너편 나라의 왕족 출신이며 혁거세왕의 어머니가 길렀다는 것으로 보아 신라에 와서 귀한 대접을 받은 듯하다. 석탈해의 출생 비밀은 이후에도 전혀 문제가 되지 않았고 오히려 사람들로 하여금 석탈해를 보통 사람이 아니라고 여기게 했다.

그러면 바다에 버려졌다가 혁거세 어머니에 의해 구출된 석탈해는 어떻게 신라 최고의 벼슬자리까지 오를 수 있었을까? 이를 알아보기 위해 호공과 관련한 이야기를 살펴보겠다.

호공의 집을 빼앗은 석탈해

《삼국유사》에는 다음과 같은 이야기가 전해진다.

그 사내아이(석탈해)는 지팡이를 끌면서 두 종을 데리고 토함산 위에 올라가서 돌무덤을 만들고 이레 동안 머물렀다. 아이는 성 안에 살 만한 땅이 있는지 찾아보았는데, 초승달처럼 생긴 산봉우리를 발견했다. 땅의 모양으로 보아 오래 살 만한 자리라고 생각해 곧 내려가 알아보았더니 호공의 집이었다.

아이는 곧 꾀를 내어 남몰래 그 집 옆에 숫돌과 숯을 묻고는 이튿날 아침 그 집 문 앞에 가서 말했다.

"이 집은 우리 할아버지 집이다."

호공과 한참 동안 옳고 그름을 따지던 아이는 결론을 내지 못하자 관가에 고발했다.

관리가 물었다.

"무슨 증거로 이곳을 너희 집이라 하느냐?"

아이가 대답했다.

"저희 집은 본래 대장간이었는데, 잠시 다른 곳으로 나간 사이에 다른 사람이 빼앗아 살았습니다. 땅을 파서 사실을 확인해 주십시오."

아이의 말대로 땅을 파 보니 과연 대장간에서 쓰는 숫돌과 숯이 나왔다. 사내아이는 곧 그 집에서 살게 되었다.

이 이야기에 나오는 호공은 본래 왜인으로 혁거세왕의 신하였다. 호공은 혁거세왕 38년(기원전 20년) 마한에 사신으로 가서 자신을 죽이겠다고 길길이 날뛰는 마한의 왕 앞에서 당당하게 신라의 자존심을 지켰던 사람이다.

이런 사람이 어린아이의 속임수에 넘어가 집을 빼앗긴다는 이야기는 사실 말이 안 된다. 이 이야기 또한 석탈해를 위대하게 묘사하기 위해 과장해서 지어낸 이야기일 뿐 진실은 따로 있을 것이다.

먼저 호공과 석탈해가 출신 지역이 비슷하다는 점을 눈여겨보자. 당시에는 지금의 제주도나 울릉도는 물론이고 일본까지 바다 건너에 있는 나라라고 불렀으므로 호공과 석탈해가 정확하게 어느 지역 출신인지는 알기 어렵다. 하지만 신라와 교류를 많이 한 바다 건너편의 나라가 그리 많지는 않았을 것이고, 따라서 호공과 석탈해는 출신 지역이 비슷하다고 볼 수 있다.

그렇다면 왜에서 온 호공에게는 바다를 건너온 석탈해가 고향 사람으로 여겨졌을 것이다. 그래서 석탈해를 불쌍하게 여겨 자신의 집에서 살게 하며 돌보아 주었을 가능성이 높다.

만약 석탈해가 정말로 호공의 집을 속임수로 빼앗았다면 둘의 사이가 나빴겠지만, 석탈해는 왕위에 오르자 호공을 대보로 임명했다. 그리고 호공의 인품과 능력을 매우 높이 평가해 그를 믿고 아꼈다. 따라서 석탈해가 호공의 집을 빼앗은 것이 아니라 호공이 석탈해를 돌보아 주었다고 보는 것이 옳다.

이렇게 보았을 때 바다에 버려졌던 석탈해가 신라에서 큰 영향력을 지닌 권력자가 될 수 있었던 비결이 밝혀진다. 석탈해는 이미 상당한 영향력을 가지고 있던 호공의 도움을 받았고 둘이 힘을 모아 신라를 다스렸던 것이다.

또한 신라가 본래 여러 세력이 힘을 모아 만든 나라라는 사실도 떠올려 볼 필요가 있다. 신라는 여섯 마을이 힘을 합치고, 변한과 진한의 작은 나라들도 합해 힘을 키워 온 나라다. 호공이나 석탈해처럼 바다 건너에서 온 세력들도 그 세력 가운데 하나인 것이 틀림없다.

말하자면 석탈해와 호공은 바다를 건너와서 신라의 귀족이 된 이민 세력이며 석탈해는 이민 세력의 대표 지도자가 되어 신라에서 가장 힘 있는 사람이 된 것이다. 결국 호공이 닦아 놓은 터전 위에서 석탈해가 왕이 되었으니 그가 호공의 집을 빼앗은 것처럼 표현할 수도 있다.

백제의 침략을 막아 내다

석탈해는 유리왕이 왕위를 넘겨주기 전부터 사실상 왕과 같은 권한을 가지고 있었다. 역사 기록에는 유리왕이 왕의 자리에 오른 지 20년이 되었을 때부터 유리왕의 활동이 거의 나와 있지 않다. 또한 대보 자리에 있던 석탈해가 신라에 도전한 가야국을 치러 가면서 "내가 너의 왕위를 빼앗기 위해 왔다."라고 말하는데, 이는 석탈해가 사실상 신라를 다스리고 있었고, 유리왕은 뒤로 물러났다는 것을 뜻한다.

5. 온조 (?~서기 28)
백제의 건국 시조다. 고구려 동명성왕의 셋째 아들로 동명성왕의 맏아들 유리가 고구려 태자가 되자 남쪽으로 내려와 백제를 세웠다 (재위 기간 기원전 18~서기 28).

유리왕에게서 정식으로 왕권을 물려받기 전부터 이미 왕의 역할을 하고 있던 석탈해의 영향력은 신라 안에서는 당할 자가 없을 만큼 컸다. 하지만 신라 밖에서 거세게 도전해 오는 세력들이 있었다.

석탈해가 대보 자리에 있던 서기 8년에 한반도를 뒤흔들고 신라를 위협하는 일이 일어났다. 바로 백제가 마한을 무너뜨리고 옛 마한 지역을 차지한 것이다.

백제는 고구려에서 망명한 온조[5]가 기원전 18년에 마한 북쪽에 세운 나라다. 백제를 세운 고구려 유민들은 이미 고구려에서 강력한 왕권 국가 체제를 경험했기 때문에 위세가 대단했다.

그러나 본래 마한은 부족 마을에서 출발한 작은 나라들의 연합체여서 나라를 다스리거나 군대를 움직이는 것이 그리 빠르

거나 강력하지 않았다. 그렇기 때문에 고구려에서 이미 강력한 왕권 국가 체제 아래 있었던 백제의 지도층은 마한 지역을 빠르게 손에 쥐면서 신라를 위협할 수 있었다.

급기야 마한 왕실을 무너뜨리고 마한 땅을 차지한 백제는 신라에게 이렇게 요구했다.

"이제 마한의 주인은 백제이니 신라는 백제를 받들어 섬기도록 하라!"

하지만 신라는 이를 거절했다. 그렇다고 백제는 말을 듣지 않는 신라를 당장 공격할 수도 없었다. 마한을 되찾고자 하는 마한 군이 끈질기게 저항하고 있었기 때문이다.

백제가 신라를 공격하려 했던 것도 결국은 마한 군 때문이었다. 신라는 61년에 마한 군의 우두머리인 맹소가 복암성을 바치며 항복해 오자, 그를 받아들이고 손을 잡았다.

그 뒤 백제는 신라를 여러 번 공격했다. 64년 8월과 10월에 두 번이나 신라를 공격했다가 탈해왕이 직접 이끄는 군사들에게 져서 물러갔지만 66년에 다시 공격해 와산성을 점령했다. 신라 군은 곧 백제 군을 몰아냈지만 70년, 73년, 74년에도 백제의 침략이 이어졌다.

탈해왕은 백제의 공격에도 전혀 굽히지 않고 오히려 신라를 더욱 튼튼하게 만들어 나갔다. 중앙 조직과 지방 조직을 정비하고 본래 왕족이었던 박씨들을 지방의 책임자로 임명해 힘을 모으기 위해 크게 노력했다.

김씨 왕실의 시조 김알지

신라는 박, 석, 김 세 성씨에 의해 왕조가 유지되었다. 모두 56명의 신라 왕 가운데에서 박씨가 10명, 석씨가 8명, 김씨가 38명이다. 신라가 992년 동안 유지해 오면서 김씨 왕조가 지배한 세월은 절반이 훨씬 넘는다. 그렇다면 김씨 왕실의 시조인 김알지는 어떤 인물일까?

《삼국유사》에는 김알지에 대해서 다음과 같은 이야기가 실려 있다.

60년 8월 4일 호공이 밤에 월성 서쪽으로 갔다가 숲 속에서 환한 빛을 보았다. 보랏빛 구름이 하늘에서부터 땅에 드리워져 있었는데 황금 상자가 나뭇가지에 걸려 있었다. 상자는 번쩍번쩍 빛이 나고 나무 아래에서는 흰 닭이 울고 있었다.

이를 신기하게 여긴 호공은 곧장 왕에게 달려가 이 사실을 전했다.

"숲 속에 빛나는 황금 상자가 있고 그 아래에서는 흰 닭이 울고 있나이다. 보통 일이 아닌 듯하여 아뢰옵니다."

"그래? 그 숲으로 가 보자."

왕이 숲에 도착하니 과연 숲 속에 황금 상자가 있었다. 왕은 곧 상자를 열어 보게 했다. 그러자 상자 안에서 사내아이가 누워 있다가 일어나는 것이 아닌가. 왕은 혁거세왕의 전설과 비슷한 일이 일어난 것에 놀라워하며 아이의 이름을 '알지'라고 지었다. 알지는 '어린아이'라는 뜻이었다.

왕이 아이를 안고 대궐로 돌아오는데, 새와 짐승들이 졸졸 따라오면서 기뻐 뛰며 너울너울 춤을 추었다.

왕은 이 아이를 태자로 삼았으나 아이는 파사에게 왕의 자리를 양보했다. 그가 황금 상자에서 나왔으므로 성씨를 '김'이라 했으며 알지가 열한을 낳고, 열한이 아도를 낳고, 아도가 수류를 낳고, 수류가 욱보를 낳고, 욱보가 구도를 낳고, 구도가 미추를 낳아 미추가 비로소 13대 왕위에 올랐다. 이는 신라의 김씨가 알지에서 시작되었다는 것을 알 수 있다.

《삼국사기》에는 위의 이야기와 달리 탈해왕이 알지를 태자로 삼은 것이 아니라 대보에 임명했다고 기록되어 있다. 물론 황금 상자에서 나왔다든지 숲 속에서 흰 닭이 울고 있었다든지 하는 말들은 지어낸 것이다. 하지만 탈해왕이 알지를 양자로 받아들였으며 태자 또는 대보로 삼아 귀하게 대접했다는 것은 분명하다.

그렇다면 김알지는 어디에서 온 누구일까? 아주 귀한 신분이 아니라면 왕이 선뜻 양자로 받아들일 리가 없다. 중국의 《수서》[6]라는 역사책에서 이에 대한 중요한 기록을 볼 수 있다.

신라의 왕은 본래 백제 사람이었는데,
바다로 달아나 신라로 들어갔다.
그리고 마침내 왕이 되어 그 나라를 다스리게 되었다.

6. 《수서》
중국 수나라의 역사를 적은 책으로 636년 당 태종의 명령을 받아 편찬했다.

《수서》가 쓰인 630년대에는 신라 왕실 사람들이 모두 김씨였다. 말하자면 김씨의 시조 김알지는 백제 출신이라는 뜻이다.

김알지가 신라에 왔을 때 백제 군은 마한의 저항군과 치열하게 싸우고 있었다. 또한 백제에 맞서 싸우던 마한 장수 맹소가 신라에 귀순했다. 마한을 다시 찾기 위해 싸우던 이들 사이에는 분명히 마한 왕실 사람도 있었을 것이다.

이렇게 보았을 때, 김알지에 대한 비밀이 풀린다. 김알지는 뒷날 백제 땅이 된 마한을 다스리던 마한 왕실의 혈통이었고 탈해왕은 마한 왕실 사람을 받아들여 함께 백제에 맞서기로 한 것이다.

그러면 탈해왕은 왜 굳이 마한 왕실 사람을 받아들이고 그 후예인 김알지를 양자로 삼아 극진한 대접까지 하면서 백제를 자극했을까? 오히려 마한 왕실을 외면하고 백제와의 다툼을 피하는 것이 더 이익이라는 사실을 알고 있었을 텐데 말이다.

물론 마한 왕실을 외면하면 당장 백제와 다툼을 피할 수 있다. 하지만 신라의 꿈은 생각보다 컸다.

진한의 조그마한 나라에서 출발한 신라는 진한과 변한의 작은 나라들을 합쳐 나가고 바다를 건너온 사람들, 여러 부족과 마을 사람들을 받아들이면서 발전했다. 신라의 꿈은 언젠가 삼한 지역 전체까지 영토를 넓히는 것이었다.

본래 삼한 지역의 주인은 마한이다. 마한 왕실을 받아들여 그 후예 김알지의 후손들이 신라 왕족이 된다면, 신라는 삼한 지역을 차지할 명분을 가질 수 있게 된다. 실제로 신라는 나중에 삼한 통일을 위한 전쟁을 치르면서 이런 명분을 크게 내세웠다.

한편으로 생각하면 신라는 참으로 특이한 방법으로 발전한 나라다. 본래는 고조선 유민들이 세운 작은 나라에서 출발했고 그 뒤에는 다양한 마을과 나라, 이주민들까지 받아들이면서 성장했다. 그리고 몰락한 마한의 왕실까지 받아들여 귀족은 물론 왕족으로까지 만들어 주면서 커 나갔다.

바다를 건너 망명해 온 탈해왕은 바로 이렇게 신라가 성장해 갈 길을 잡으면서 고구려, 백제와 쟁쟁하게 겨루는 삼국시대로 당당하게 걸어가기 시작했다. 그 길의 끝에는 신라의 삼한 통일이 있었다. 김알지는 신라가 걸어갈 먼 길을 상징하는 인물이었다.

가야를 세우고 신라에 도전한 김수로왕

마한 왕실을 받아들이고 백제에 맞서려 한 신라에 새롭게 도전한 나라가 생겼으니, 바로 가야였다. 가야는 서기 42년, 신라 유리왕 19년에 세워졌다. 가야를 세운 김수로왕에 대해서는 《삼국유사》에 다음과 같은 이야기가 전해진다.

아직 나라가 생겨나기 전 가야 땅에는 7만 5,000명의 사람들이 아홉 마을을 이루어 살고 있었다. 그리고 아홉 마을에는 사람들을 다스리고 이끄는 아홉 간(촌장)이 있었다.

어느 날 구지봉 가까이에서 무언가 이상한 목소리가 들려와서 몇백 명의 사람들이 모여들었다. 그러자 목소리의 주인공은 모습을 감추고 사람들에게 말했다.

"거기 누가 있느냐?"

"우리들이 있습니다." 하고 아홉 촌장이 대답하자,

"여기가 어디인가?" 하는 목소리가 들려왔다.

"구지봉입니다." 하고 촌장들이 대답하자,

"하느님이 내게 이곳에 와서 나라를 세우고 임금이 되라고 명령하셨다. 하여 여기 내려온 것이니, 너희들은 모름지기 봉우리 꼭대기의 흙 한 줌씩을 쥐고,

'거북아 거북아,

머리를 내놓아라.

만약 내놓지 않으면,

구워서 먹으리.'

이런 노래를 하고 춤을 추며 대왕을 기다려라."고 했다.

아홉 촌장은 그 말대로 모두 노래를 부르고 춤을 추었다. 그랬더니 하늘에서 보라색 끈이 내려왔다. 끈 끝에는 보자기로 싼 황금 상자가 있었다. 황금 상자 안에는 황금 알 여섯 개가 들어 있었다.

모두 놀라고 기뻐 수없이 절을 하다가 조금 뒤에 알을 싸 가지고 아도간의 집으로 갔다. 그러고는 탁자 위에 황금 상자를 올려놓고 모두 흩어졌다.

> **구지가**
> 새로운 임금이 내려오길 소망하며 함께 부른 주술적인 노래로 현재까지 전하는 가장 오래된 노래다. '거북'은 신과 같은 신령스러운 존재를 뜻한다.

다음 날 사람들이 다시 함께 모여 상자를 열었는데, 황금 알 여섯 개가 여섯 명의 사내아이로 변해 있었다. 아이들은 곧 상자에서 나왔고, 그 모습을 본 사람들은 기뻐하며 절을 했다.

아이들은 10주 정도 지나자 키가 아홉 자나 되었고 잘생긴 젊은이로 자라났다. 그리고 그달 보름이 되자 한 아이가 왕위에 올라 '수로'라고 불렸으며 나라는 대가락 또는 가야국이라고 했다. 나머지 다섯 아이는 각각 흩어져 다섯 가야의 우두머리가 되었다.

물론 하늘이 내려 준 황금 상자에 든 알에서 아이들이 나왔다는 이야기는 가야가 위대하게 보이도록 지어낸 것이다. 하지만 이 속에서도 역사의 진실을 알아낼 수 있다.

아도간에게 여섯 아들이 있었으며 아홉 간(촌장)과 사람들이 모여 그 가운데 한 아이를 왕으로 세웠으니, 그가 김수로였다.

옛날 진한에는 12개의 작은 나라가 있었고, 변한에는 12개, 마한에는 54개의 작은 나라가 있었다. 마한 지역 대부분은 백제가 차지했고 진한 지역은 신라가 차지했으며 변한 열두 나라 가운데 세 나라도 신라에 합쳐졌다.

가야는 신라와 백제에 합쳐지지 않은 변한의 아홉 나라가 힘을 모아 세운 나라다. 그리고 가야를 대표하는 왕은 수로왕이었다.

수로왕은 매우 슬기로운 인물이었다. 그래서 나중에 탈해왕에 이어 신라를 다스린 파사왕이 골치 아픈 문제가 생겼을 때 그에게 도움을 구했다.

파사왕이 왕의 자리에 오른 지 23년이 되는 어느 가을이었다. 신라를 섬기고 있던 음집벌국과 실직곡국이 국경 때문에 다투다가 파사왕을 찾아와 판결을 내 달라고 부탁했다. 하지만 파사왕은 누구 편을 들어야 할지 결정하기 어려웠다.

"어유, 이 골치 아픈 문제를 어찌할꼬?"

그때 신하들이 말했다.

"금관국(가야) 수로왕이 나이가 많아 아는 것이 많다고 하니, 그에게 물어보는 게 어떨까요?"

"그래? 그렇다면 수로왕에게 물어보고 답을 얻어 오너라."

파사왕의 고민을 전해 들은 수로왕은 앞뒤 사정을 알아보고 난 뒤 시원하게 답해 주었다.

"그 땅은 음집벌국에게 주는 것이 옳소이다."

이런 이야기를 통해 알 수 있는 것은 가야국의 수로왕은 신라 왕이 도움을 구할 만큼 능력이 있었기 때문에 신라가 무시할 수 없었다는 사실이다.

슬기로운 수로왕이 가야국을 세우자 가장 큰 위협을 느낀 것은 바로 신라였다. 신라는 변한의 작은 나라들을 하나씩 합쳐 가려고 생각하고 있었기 때문이다. 게다가 가야는 백제와 손잡고 신라에 맞서기 시작했다. 때문에 탈해왕은 가야를 가만히 놔두어서는 안 된다고 생각했다.

탈해왕과 수로왕의 술법 대결

《삼국유사》에는 탈해왕과 수로왕이 대결을 벌인 이야기를 다음과 같이 전하고 있다.

완하국(왕성국) 함달왕의 부인이 임신해 알을 낳았는데, 알에서 사람이 나왔다 해서 이름을 '탈해'라고 했다. 키가 석 자이고 머리 둘레가 한 자인 탈해는 바다를 건너 가락국(가야국)의 대궐을 찾아가서 이렇게 외쳤다.

"내가 왕의 자리를 빼앗으려고 바다를 건너왔노라."

그러자 수로왕이 대답했다.

"하늘이 나를 왕위에 오르게 하고 앞으로 나라를 안정시키고 백성을 편안하게 하려고 한지라, 하늘의 명령을 저버리고 왕위

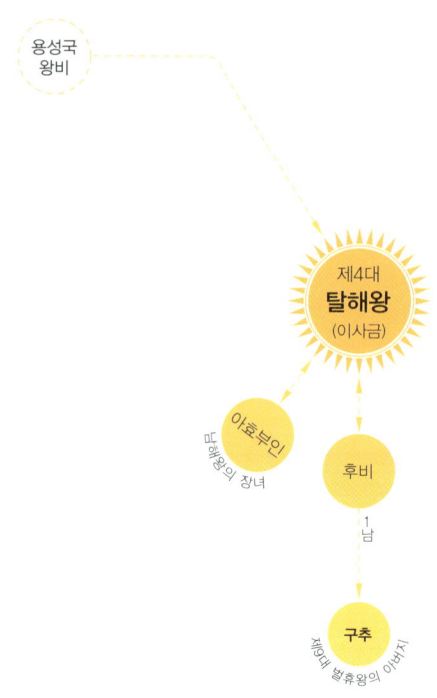

를 내놓을 수는 없으며, 또 우리나라와 백성들을 너에게 맡길 수 없다."

"그렇다면 술법으로 경쟁해 보자."

탈해가 말하자 수로왕도 시원하게 대답했다.

"좋다."

대답이 끝나자마자 탈해가 매로 변했고, 수로왕은 독수리로 변했다. 탈해가 다시 참새로 변하자 수로왕은 새매(수릿과의 새)로 변했다. 탈해가 본래 몸으로 돌아오니 왕도 그렇게 했다. 그제야 탈해가 무릎을 꿇으며 말했다.

"제가 매로 변했을 때는 독수리로, 참새로 변했을 때는 새매가 되셨지만, 살육을 싫어하는 성인의 어진 덕으로 저를 살려 주셨습니다. 제가 왕을 상대로 임금 자리를 다투어서는 안 될 것 같습니다."

탈해는 그렇게 말하고 물러갔지만, 수로왕은 그가 또 난리를 피울까 봐 배 500척을 보내 뒤를 쫓았다. 탈해가 계림(신라) 땅으로 도망간 뒤에야 비로소 수군이 모두 돌아왔다.

이 이야기를 보면 탈해가 가야를 공격해 수로왕을 자리에서 끌어내리려고 했다는 것을 알 수 있다. 그리고 수로왕이 탈해의 공격을 막고 가야를 지켜 냈다는 사실도 드러난다.

그 뒤 가야는 백제, 왜와 손잡고 신라를 공격했으며 신라는 여러 적들로부터 한시도 긴장을 늦출 수 없었다. 이로써 옛 마한 땅에서는 백제, 가야, 신라가 나라를 세우고 서로 다투는 시대가 펼쳐지기 시작했다.

신라사 깊이 읽기

김수로왕의 부인 허황옥은 어느 나라에서 왔을까?

허 황후라고도 불리는 허황옥은 인도 아유타국의 공주로 알려져 있습니다.

48년에 배를 타고 가야에 와서 수로왕의 왕비가 되었는데, 이에 얽힌 재미있는 이야기가 《삼국유사》에 실려 있습니다.

수로왕이 왕위에 오른 지 7년이 되도록 왕비가 없자 신하들이 왕에게 아뢰었다.

"대왕께서 하늘에서 내려오신 이래로 아직까지 배필이 없으니 저희들의 딸 가운데에서 처자를 뽑아 배필로 삼으십시오."

그러자 수로왕이 말했다.

"내가 이곳에 온 것은 하늘의 명이니, 배필을 맞는 것도 하늘이 정해 줄 것이다."

그때 홀연히 서남쪽 바다에서 붉은 돛을 단 배가 나타나 왕이 직접 그들을 맞이했다.

이때 배에서 내린 처녀는 입고 있던 바지를 벗어 산신령에게 바쳤다. 그녀는 20명의 신하와 함께 수많은 금은보화를 가지고 왔는데 이루 다 기록할 수가 없을 정도였다.

그날 왕과 함께 침실에 든 처녀가 입을 열었다.

"저는 아유타국의 공주인데, 성은 허씨이고 이름은 황옥이며 나이는 열여섯 살입니다. 저희 부모님께서 똑같은 꿈을 꾸고는 저를 이곳으로 보내셨습니다. 꿈에 옥황상제님이 나타나 가락국의 임금 수로가 아직 짝을 정하지 못했으니, 그대들은 공주를 가락국으로 보내 그의 짝이 되게 하라 하셨답니다."

그러자 수로왕이 대답했다.

"나는 신성하게 태어난 몸으로 일찍부터 공주가 먼 곳에서 올 것을 미리 알고 있었소."

두 사람이 혼인하고 밤을 지내니 해와 달처럼 음양의 조화가 이루어졌다.

허 황후는 혼인하던 해에 곰을 얻는 꿈을 꾸고는 곧이어 태자 거등공을 낳았다.

허 황후는 189년 3월 1일에 세상을 떠났는데 이때 나이가 157세였다.

허 황후가 죽자 온 백성이 슬퍼하며 수로왕이 태어났던 구지봉 북쪽 언덕에서 장사를 지냈다.

왕은 허 황후의 죽음을 슬퍼하다가 10년 뒤에 세상을 떠났다.

《삼국유사》에 나오는 허황옥에 대한 기록은 여기까지입니다.

허 황후는 아들을 열 명(또는 아홉 명) 낳았는데 그 가운데 두 명에게 어머니 성인 허씨를 주었다고 합니다. 그때부터 지금까지 허 황후가 김해 허씨의 시조로 받들어 모셔지고 있습니다.

수로왕릉 쌍어문

수로왕릉 정문에 가야국과 아요디아를 연결 짓는 중요한 고리인 두 마리 물고기 문양이 그려져 있다.

경상남도 김해시 서상동

그렇다면 허 황후가 왔다는 아유타국은 과연 어디일까요?

현재 지구에는 '아유타'라고 불리는 땅이 두 군데 있습니다. 하나는 인도의 갠지스 강 중류에 있는 '아요디아'이고, 또 한 곳은 태국의 불교 유적지인 '아유타'입니다.

하지만 태국의 '아유타'는 13세기에 만들어진 곳이므로 허황옥이 살았던 시대에는 없었습니다.

따라서 《삼국유사》에 기록된 허황옥의 고향인 아유타국은 인도의 아요디아일 가능성이 매우 높답니다.

아요디아는 힌두교의 성지이지만 불교의 창시자인 싯다르타 왕자가 출가해 처음 공부한 곳이기도 합니다.

게다가 가야국과 아요디아를 연결 짓는 중요한 고리가 있는데 바로 두 마리 물고기 문양입니다. 수로왕릉에 그려진

두 마리 물고기 문양과 인도 아요디아에 있는 사원 대문에 그려져 있는 물고기 그림이 같다는 것입니다.

  이것은 2,000년 전 가야에 시집온 아유타국 공주 허 황옥이 자기 나라의 문화를 가야에 전파한 것이라고 볼 수 있습니다.

제5대 파사왕실록

형을 제치고 왕이 된 파사왕

파사왕시대의 세계 약사

중국에서는 87년에 후한의 반초가 서역의 50여 국을 굴복시켰고, 90년에는 인도를 무찌르고 중국에 조공을 바치도록 했다. 반초는 신하를 로마에 보내 동서양의 교류를 성사시켰다. 이 무렵 조정은 환관의 횡포로 혼란을 겪고 있었다.
로마에서는 80년에 콜로세움이 세워지고, 기독교인에 대한 대대적인 박해가 이루어졌다. 타키투스의 《게르마니아》, 플루타르크의 《영웅전》 등의 책들이 쓰여졌다.

형을 제치고 왕이 되다

80년 8월 탈해왕이 세상을 떠나자 신라에서는 누가 왕이 되어야 할지 결정해야 했다. 여러 후보 가운데 탈해왕에게 왕위를 물려준 유리왕의 맏아들이자 태자인 일성이 돋보일 수밖에 없었다. 일성은 유리왕이 죽을 때 너무 어려서 고모부였던 탈해왕에게 왕위를 양보했지만 탈해왕이 죽었을 때에는 어른이었기 때문에 별 탈이 없다면 당연히 왕이 되어야 했다. 그러나 탈해왕 세력의 반대에 부딪혔다.

"일성 태자는 왕이 되기에는 좀 부족합니다. 일성 태자보다 더 총명한 분이 있지 않습니까?"

"그게 누구입니까?"

"파사 왕자가 매우 총명해 왕위를 잇기에 적당합니다."

파사는 유리왕의 둘째 아들이었다. 일성과는 다른 어머니에게서 태어난 파사는 태자는 아니었지만 태자 일성에게는 없는 것을 가지고 있었다. 그것은 김알지 세력의 후원이었다.

파사는 당시 가장 힘 있는 세력이었던 김알지의 손녀 사성부인과 혼인해 살고 있었다. 그 덕분에 김알지 세력의 도움을 받을 수 있었다. 또한 김알지는 탈해왕의 양자였기 때문에 두 세력은 파사가 왕이 되도록 함께 힘을 썼다.

일성은 처음에는 어리다는 이유로 고모부 석탈해에게 왕위를 내주어야 했고, 다음에는 동생보다 똑똑하지 못하다는 이유로 왕위를 양보해야 했다.

이처럼 파사왕¹은 형을 제치고 왕이 되기는 했지만 강력한 권력을 갖지는 못했다. 탈해 세력과 김알지 세력의 힘으로 왕이 되었기 때문이다.

하지만 파사왕은 매우 영리해 자신의 힘을 키울 수 있는 방법을 찾기 시작했다. 그 첫 번째 수단으로 이용한 것은 '보리농사'였다.

'보리 이삭 하나에 여러 가닥이 생길 수 있게 만든다면 백성들이 굶주리지 않을 수 있다. 새 보리를 개발해야 한다.'

파사왕은 이런 생각으로 새 보리를 만드는 일에 힘을 쏟았다. 보리는 신라 사람들이 주로 먹는 식량이었기 때문에 파사왕의 생각대로 새로운 보리를 만들면 큰 업적이 될 수 있었다.

"남신현에서 큰 풍년이 들었습니다."

"옳거니, 드디어 새 보리를 만드는 데 성공했구나. 새 보리를

1. 파사왕 (?~112)
파사이사금이며 신라 제5대 왕(재위 기간 80~112)이다. 유리왕의 둘째 아들이다.

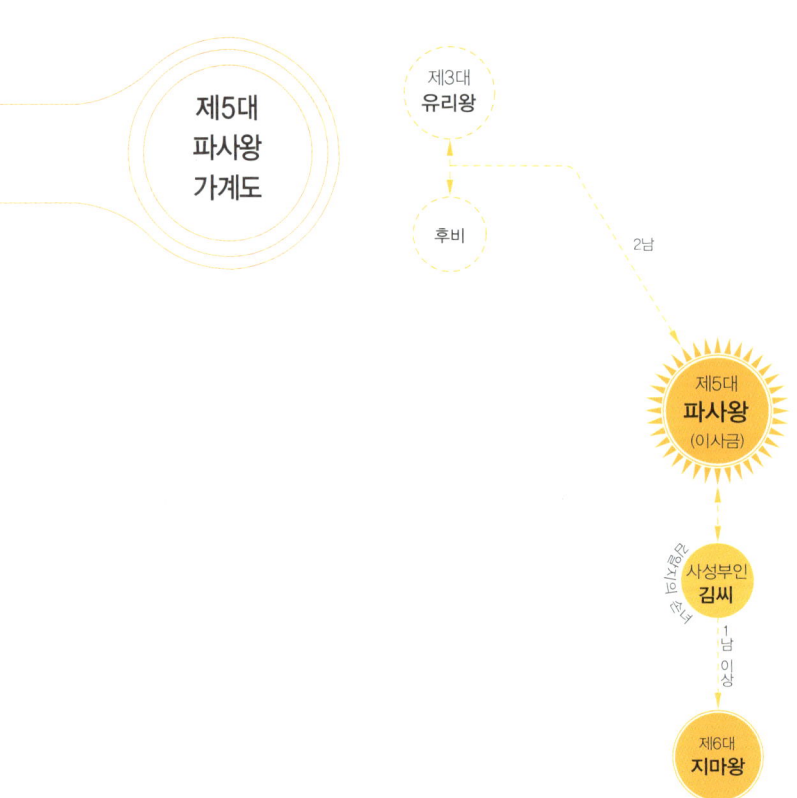

각 지방에 널리 퍼뜨리고 지방에서 농사를 제대로 이끌지 못한 관리들을 쫓아내도록 하라. 농사만큼 중요한 것은 없다."

신라의 농업 발전을 직접 이끌어 낸 파사왕은 거칠 것 없이 뜻을 펼치며 마음에 들지 않는 관리는 당장 쫓아낼 수 있는 힘까지 갖게 되었다. 이것이 파사왕이 보리농사에 힘쓴 이유였다.

농업 발전을 통해 강력한 왕권을 갖게 된 파사왕은 국방에서도 자신의 뜻을 펼치기 시작했다. 당시 신라는 백제와 가야에 둘러싸여 항상 크고 작은 전쟁을 겪어야 했기 때문에 국방은 농업과 더불어 가장 중요한 일이었다.

"가소성(경상남도 거창)과 마두성(경상북도 청도)을 새로 튼튼히 짓고 군사를 준비시키도록 하라."

가소성은 백제 쪽이고 마두성은 가야 쪽이어서, 파사왕은 이 두 성을 발판 삼아 백제, 가야와 대결할 생각이었다.

실제로 파사왕은 가야를 공격해 크게 성공했고 가야의 수로왕은 앞으로 신라를 침입하지 않겠다는 약속을 했다. 그 뒤 실직국(강원도 삼척), 압독국(경상북도 경산) 등의 항복을 받으며 영토를 넓혀 갔다. 이러한 신라의 기세에 놀란 백제는 사신을 보내 서로 싸우지 말자고 제안했다.

이렇게 백제에 대한 걱정을 접게 되자 파사왕은 가야를 공격하는 데 온 힘을 기울여 중요한 영토를 단숨에 빼앗았다.

이렇듯 파사왕은 처음에는 비록 형을 제치고 후원 세력의 힘으로 왕이 되었지만, 왕이 된 뒤에는 스스로 능력을 발휘해 신라를 강하게 만드는 데 성공했다.

제6대 지마왕실록

많은 시련을 겪은 지마왕

외세의 위협에 시달리다.

파사왕의 뒤를 이어 왕이 된 지마왕¹은 아버지와 달리 많은 시련을 겪어야 했다.

"우박이 쏟아져서 백성들의 집이 부서지고 농작물이 모두 못 쓰게 되었습니다."

"홍수가 나서 수많은 사람들이 죽고 다쳐 난리가 났습니다."

이렇게 신라에 자연재해가 덮치자 호시탐탐 신라를 공격할 틈을 보고 있던 가야가 쳐들어왔다. 가야 군은 신라의 남쪽 지역에 들어가 칼을 휘두르며 재물과 식량을 빼앗았다.

"이놈들을 가만두면 안 되겠다. 우리가 어려움에 빠진 틈을 타서 공격하다니!"

지마왕은 복수하기 위해 자신이 직접 군대를 이끌고 가야를

---

1. 지마왕 (?~134)
지마이사금이며 신라 제6대 왕(재위 기간 112~134)이다. 파사왕의 태자다.

지마왕릉

신라 제6대 지마왕의 능이다.

경상북도 경주시 내남면

공격했다. 하지만 가야 군을 물리치지 못하고 두 번이나 공격에 실패했다.

그러나 가야 공격에 실패한 것보다 더 큰 위협이 다가오고 있었다. 바로 가야가 왜를 부추겨 신라를 침략하도록 한 것이다. 왜는 신라의 바다 어느 곳에서든 공격해 올 수 있었기 때문에 여간 까다로운 상대가 아니었다. 신라 사람들은 왜인이 쳐들어온다는 소문만 돌아도 짐을 싸서 피난을 가곤 했다.

결국 지마왕은 자존심을 버리고 먼저 왜에 사신을 보내 전쟁을 하지 말자고 애걸해 겨우 침략을 막았다.

파사왕이 신라의 기세를 높인 것과는 달리, 지마왕은 사방의 적들에게 위협당하면서 고통을 겪었다. 또한 지마왕은 눈을 감는 순간까지도 신라에 큰 가뭄이 들어 백성들이 신음하는 것을 봐야 했다.

신라사 이야기

제6대 지마왕 가계도

게다가 자손이 없어 왕의 자리에 앉힐 사람을 찾아야 했다. 결국 동생 파사에게 왕위를 내주었던 일성에게 왕위가 넘어갔다.

지마왕이 시련을 겪은 것은 어쩌면 왕의 자리를 본래 주인에게 돌아가도록 한 하늘의 뜻일지도 몰랐다. 그만큼 일성이 왕이 되기까지 우여곡절이 많았다는 뜻이다.

제7대 일성왕실록

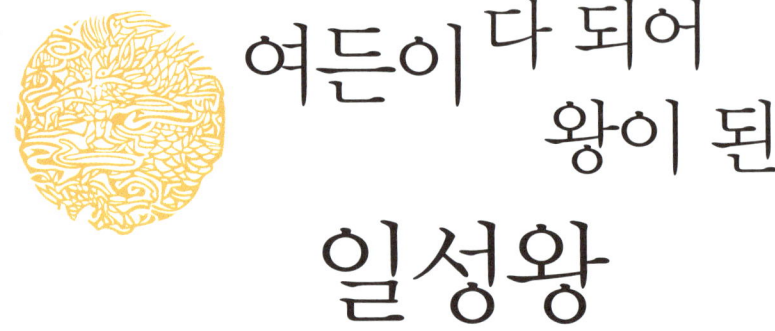

여든이 다 되어 왕이 된 일성왕

일본으로 간 일성왕

동생 파사에게 왕위를 내준 일성은 어떻게 되었을까? 일성은 왕의 자리를 내준 순간부터 항상 불안에 떨어야 했다. 본래는 일성이 왕이 되어야 했지만 탈해 세력과 알지 세력의 후원으로 파사가 왕이 되었으니, 일성은 탈해 세력, 알지 세력, 파사왕 모두에게 귀찮은 존재였다.

결국 왜국으로 망명하기로 마음먹은 일성은 파사왕 앞에 나아가 말했다.

"바다 건너 왜국의 경치가 새로울 듯하여 두루 여행을 다니면서 살고 싶습니다."

그렇지 않아도 파사왕은 일성이 곁에 있는 것이 부담스러웠다.

"형님의 뜻이 그러시다면 그래야지요. 먼 길을 가셔야 하니 보물을 많이 가지고 가세요."

일성이 많은 보물을 가지고 왜국으로 갈 수 있게 한 것은 파사왕의 마지막 배려였다. 일성은 곧 귀한 보물을 배에 싣고 왜국으로 향했다. 바다 건너 일성이 도착한 곳은 '파마국'이라는 왜국의 한 지방이었다.

귀한 재물을 싣고 귀한 옷을 입은 일성이 파마국에 나타나자 왜 왕이 신하를 일성에게 보내 물었다.

"그대는 누구이며, 어느 나라 사람인가?"

"저는 신라국의 왕자입니다. 일본국에 훌륭한 왕이 계신다고 하여 왕위를 동생에게 내주고 왔습니다."

일성은 이렇게 말하며 왜 왕에게 많은 보물을 선물로 바쳤다. 그러자 왜 왕이 일성을 직접 불러 말했다.

"심마국에 있는 두 읍을 줄 테니 네 마음대로 살도록 해라."

하지만 일성은 일본을 좀 더 둘러보고 싶었다.

"제가 직접 두루 다녀 보고 살 곳을 정하면 안 되겠습니까?"

왜 왕은 일성의 부탁을 들어주었고 일성은 일본을 두루 다니면서 마음에 드는 곳을 찾아 그곳에서 살며 부인을 얻어 자손을 퍼뜨렸다. 일성을 따라온 사람들 가운데에는 도자기 만드는 사람들이 있었는데, 그들은 그곳 사람들에게 도자기 만드는 기술을 가르쳐 주었다.

일성은 40년 동안 일본에서 살았다. 일성은 어쩔 수 없이 고향을 떠나온 자기 신세를 한탄하며 일본의 어느 산골짜기에서

> **1. 일성왕** (?~154)
> 일성이사금이며 신라 제7대 왕(재위 기간 134~154)이다. 유리왕의 맏아들이다.
>
> **2. 말갈**
> 만주와 한반도 북부에 살았던 민족이다. 숙신, 읍루로도 불렸으며 나중에는 여진으로 불리다가 금나라와 청나라를 세웠다.

조용히 늙어 가고 있었다.

그런 일성에게 어느 날 신라의 신하가 갑자기 찾아왔다.

"신라에 돌아와 왕위를 이어 주시옵소서."

일성은 이때 거의 여든 살에 가까웠다. 이미 늙어 죽었다 해도 이상할 것이 없는 나이였던 것이다.

일성은 깜짝 놀라 물었다.

"도대체 그게 무슨 소리인가?"

"지마왕이 돌아가시고 후손이 없어 왕실의 혈통을 찾게 되었나이다."

이리하여 일성은 40년 만에 고향으로 돌아가 왕이 되었는데, 그가 신라 제7대 일성왕[1]이다.

외적의 침입과 일성왕의 시련

여든이 다 되어 왕이 된 일성왕은 가장 먼저 조상들의 묘를 찾아가 제사를 올렸다. 40년 동안 망명 생활을 한 끝에 왕이 되었으니 제사를 통해 위신을 세우려 했던 것이다. 일성왕은 조상의 무덤 앞에서 신라를 잘 다스리겠다고 다짐했을 것이다.

하지만 일성왕의 다짐에 도전하는 위협은 얼마 지나지 않아 나타났다. 그것은 바로 말갈[2]의 침입이었다.

신라는 파사왕 때 국력을 크게 키워 백제에는 전쟁을 하지 않기로 약속을 받아 내고, 한편으로는 가야를 공격해 함부로

태백산 천제단

신라 때부터 임금이 직접 제사를 드리던 곳으로 《삼국사기》에 '일성왕 5년 10월 왕이 친히 태백산에 올라 천제를 올렸다.'고 기록하고 있다.

강원도 태백시 소로동

신라를 침입하지 못하게 했다. 하지만 지마왕 때는 가야의 침입뿐 아니라 왜국의 침입까지 받아 피해를 입었다. 말갈족이 쳐들어오기 시작한 것도 지마왕 때였다.

말갈족은 본래 두만강과 압록강 근처에 살고 있었다. 이들이 신라의 국경까지 내려온 것은 고구려 때문이었다.

"고구려의 힘이 너무 강하니 우리가 살 곳을 다시 찾아야 합니다."

"남쪽으로 내려갈 수밖에 없습니다. 하지만 요즘 백제도 무섭게 기운을 떨치고 있으니 그쪽은 피해야 합니다."

"그렇다면 신라 쪽으로 갈 수밖에 없군."

이렇게 생각한 말갈족은 지마왕 14년에 신라의 북쪽으로 쳐들어왔다. 많은 수의 신라 관리와 백성이 죽거나 다쳤고 말갈군은 기세등등하게 공격해 왔다.

"북쪽에서 말갈 군이 무서운 기세로 쳐들어오고 있습니다."
지마왕은 이런 보고를 받고 어찌할 바를 몰랐다.
"도대체 우리 신라 군은 왜 말갈 군에게 당하기만 하는 것이오?"
"말갈 군과는 한 번도 싸워 본 적이 없어서 어떻게 싸워야 할지 모르기 때문입니다."
"어허, 이를 어쩐다."
이때 한 신하가 말했다.

"백제 군에게 도움을 청하시옵소서. 그들은 말갈 군과 싸워 이긴 적이 많으니 큰 힘이 될 것입니다."

이리하여 지마왕은 백제에 도움을 청했다. 당시 신라와 사이좋게 지내던 백제에서는 말갈 군에 대해 잘 아는 장수 다섯 명을 보내 주었다. 말갈 군은 백제 장수가 신라 군을 돕는다는 말에 겁을 잔뜩 집어먹었다.

"백제 장수가 왔으니 어쩌면 좋은가?"
"우리가 저들과 싸우다가 백제 장수를 죽이기라도 하면 신라와 백제가 힘을 모아 우리를 공격할 것이니 이쯤에서 물러나는 게 좋겠습니다."

걱정하던 말갈 군은 백제 장수들을 보자마자 달아나 버렸다.

하지만 그렇다고 말갈 군이 완전히 물러간 것은 아니었다. 고구려에 밀려 내려온 말갈은 새로운 터전을 마련해야 했기 때문에 신라를 공격할 수밖에 없었다. 말갈 군은 일성왕이 왕위에 오른 지 4년이 되는 해에 또다시 신라에 쳐들어와 불을 지르고 주민들을 잡아갔다.

"국경에 나무 기둥을 심어서 말갈 군이 들어오지 못하도록 막아라."

일단 방어를 튼튼히 한 일성왕은 계속 국경을 침략하는 말갈 군을 모두 물리치기로 했다.

"신라군을 모두 끌어 모아라. 이번 기회에 말갈 군을 쓸어 버려야겠다."

하지만 웅선이라는 신하가 강하게 반대하고 나섰다.

"안 됩니다. 말갈 군을 완전히 물리칠 수 있을지도 알 수 없고, 북쪽에 너무 힘을 쏟다 보면 가야나 왜국이 쳐들어올지도 모릅니다. 무리하게 공격하기보다는 방어를 튼튼히 해 주변 나라들의 침략을 막아야 합니다."

이에 일성왕은 분을 삼키며 말갈 정벌을 포기할 수밖에 없었다. 하지만 일성왕이 말갈 군을 물리치려 한다는 소문이 퍼지자 말갈 군은 함부로 국경을 넘어오지 못했다.

그러나 이번에는 가뭄과 흉년이 크게 들어 신라를 괴롭혔다. 그리고 그 틈을 타 압독(경상북도 경산)에서 반란이 일어났다. 다

신라사 이야기

제7대 일성왕 가계도

행히 반란은 막았지만 시련이 계속되자 일성왕은 깊은 고민에 빠졌다.

"전국에서 장수가 될 만한 자들을 모두 추천하라."

147년, 일성왕은 외적의 침입과 내부의 반란을 모두 막을 수 있는 강력한 군사력을 갖추기로 했다. 이리하여 신라의 국방력은 매우 강해졌지만 일성왕의 시련은 여기서 끝나지 않았다.

149년에는 금성(경주)에 전염병이 돌아 많은 사람이 죽어 나갔고 이듬해에는 심한 가뭄이 들었으며 때 아닌 우박까지 내려 농사를 완전히 망쳤다. 153년에는 궁궐에 불이 나고 하늘에는 혜성이 나타나 사람들은 불안에 떨었다.

이처럼 일성왕은 태어난 순간부터 왕위에서 밀려나고, 어른이 되어서는 동생에게 밀려나 다른 나라를 떠돌아다니다가 여든 살에 왕이 되었지만, 계속되는 시련으로 마음 편한 날이 없었다.

시련 속에 하루하루를 보내던 일성왕은 154년, 100세에 가까운 나이로 생을 마쳤다. 보기 드물게 오래 산 인물이지만 그 누구보다 많은 시련을 겪었던 비운의 왕이었다.

신라사 깊이 읽기

말갈족은 우리 민족과 어떤 관계가 있을까?

　삼국시대의 역사를 읽다 보면 말갈족이 자주 나옵니다. 사실 말갈족은 우리 고대 역사와 밀접한 관계를 맺고 있습니다. 특히 고구려, 백제, 신라, 발해 등을 연구하려면 말갈을 꼭 알아야 합니다.

　말갈족은 원래 숙신족의 후예입니다. 숙신족은 고조선시대에 있었던 북방 종족인데, 이 종족이 알래스카를 통해 아메리카 지역으로 옮겨 가 그곳에서 마야, 잉카, 아스텍 문명을 일으킨 것으로 추정되고 있습니다.

　숙신은 한반도 북부 지역과 만주 동쪽 지역 그리고 멀리는 지금의 러시아 땅인 아무르 강 유역에 세력을 이루고 있었습니다. 말갈은 그 숙신의 한 갈래인 셈이지요.

　말갈은 삼국시대 이전에 여러 지역에서 부족 국가를 이루며 살았는데, 《수서》의 〈말갈전〉에는 일곱 종류의 말갈이 있었다고 기록되어 있습니다. 첫째는 '속말부'라고 부르며 고구려에 접해 있었고, 둘째는 '백돌부'라고 부르며 속말 북쪽에 있었으며, 셋째는 '안차골부'라고 부르며 백돌의 동북쪽에 있었습니다. 그리고 넷째 '불열부'는 백돌의 동쪽에 있었고, 다섯째 '호실부'는 불열의 동쪽에 있었으며, 여섯째 '흑수부'는 안차골의 서북쪽에 있었고, 일곱째 '백산부'는 속말의 동쪽에 있었습니다.

이 가운데 속말 말갈은 고구려를 세운 동명성왕에게 져서 고구려에 예속되었고, 그 뒤 백산 말갈과 흑수 말갈도 고구려에 예속되었습니다.

말갈은 삼국시대 초기에 신라와 백제를 자주 공격했는데, 이때 말갈은 백산 말갈입니다. 이들은 압록강과 두만강, 백두산 주변에 거주지를 만들어 한반도 북부 지역에 터전을 마련했는데, 그 때문에 신라, 백제와 영토 싸움을 벌일 수밖에 없었습니다.

말갈족의 도기

말갈족 관련 유물인 도기(질그릇)다.

중국 북경역사박물관 소장

하지만 고구려가 남쪽으로 영토를 넓히면서 한반도 지역으로 나아간 뒤에 고구려에 예속되었습니다. 그래서 고구려 백성 가운데 상당수는 말갈족이었습니다.

말갈족은 고구려가 망한 뒤 대조영이 발해를 세울 때 큰 역할을 했습니다. 그래서 발해를 발해 말갈이라고 부르기도 한답니다.

대조영과 함께 발해를 세우는 데 큰 역할을 한 인물은 속말 말갈의 추장 걸사비우였습니다. 그런데 걸사비우는 대조영과 함께 당나라에 맞서다가 목숨을 잃었고, 대조영은 걸사비우가 이끌던 말갈족과 힘을 모아 발해를 세웠습니다.

돌사자상

고구려 후예 대조영과 말갈족이 세운 발해의 유물이다. 발해의 수도였던 상경성에서 출토되었다.

서울대학교박물관 소장

발해는 698년에 세워진 뒤 약 230년 동안 유지되다가 927년에 멸망했습니다. 이후 말갈은 자취를 감추고 그 후예인 여진족이 나타났습니다.

여진족은 금, 후금, 청 등을 세웠으며, 청이 멸망하고 중화민국이 세워지면서 지금은 자취를 감추었습니다.

이렇듯 말갈족은 우리 역사와 아주 가까운 관계를 맺고 있었습니다. 비록 지금 중국에서는 여진족이 자취를 감췄으나, 실제 중국 성씨를 바탕으로 조사한 자료에 따르면 현재 중국에는 여진족의 후예가 600만 명쯤 살고 있다고 합니다.

하지만 이들은 스스로 여진족이 아닌 한족이라고 생각하기 때문에 여진족은 완전히 사라진 것이나 마찬가지입니다.

말갈족이나 여진족은 예부터 하나로 통일되지 못하고 부족 국가로 지낸 세월이 더 많았습니다. 그러다 이들이 한 번 결집하면 큰 나라를 세우곤 했습니다. 그러나 지금은 한족에게 완전히 동화되었기 때문에 다시 옛날처럼 세력을 만들어 일어나기는 힘들 것으로 보입니다.

제8대 아달라왕실록

왕비에게 배신당한 아달라왕

아달라왕시대의 세계 약사

중국은 후한 말기에 해당되는 시기로 환관들이 정권을 손에 쥐었고, 정치 기강이 무너져 곳곳에서 반란이 일어났으며, 황건적이 세력을 키워 갔다. 또한 장각 형제가 백성을 부추겨 군대를 일으키고, 조조와 황보숭 등이 황건적 토벌에 나선 때이기도 하다.
로마에서는 페스트가 돌아 이를 계기로 기독교도에 대한 박해가 더욱 심해졌다. 그리고 황제 마르쿠스 아우렐리우스의 《자성록》과 파우사니아스의 《그리스 안내기》가 쓰여졌다.

거인 아달라왕과 백제의 전쟁

일성왕이 세상을 떠난 뒤 왕위에 오른 인물은 아달라였다. 아달라는 일성왕의 맏아들로 체격이 우람하고 키가 7척이나 되는 거인이었다. 거인의 특징인 코가 크고 턱이 튀어나온 얼굴 모양을 하고 있었다.

거인 아달라왕은 신라의 중요 지역에 길을 내고 감물(충청북도 괴산 감물면)과 마산(충청남도 보령 남포면)으로 영토를 넓히는 등 사회를 안정되게 만들어 갔다.

또한 말갈의 침입을 막아 내고 있는 장령진에 직접 찾아가 병사들을 만나기도 했다.

"그대들이 있기에 나라가 평안하도다. 말갈 군이 다시는 쳐들어올 수 없도록 국경을 빈틈없이 지키도록 하라."

당시에 왕이 위험한 국경 지대에 직접 들른다는 것은 매우 드문 일이었다. 아달라왕은 과감하게 국경을 방문하고 병사들을 위로하며 군복까지 내리는 여유를 보였다.

이렇게 아버지 일성왕과는 달리 아달라왕은 평안하게 나라를 다스려 가는 듯했으나 왕이 된 지 7년이 지나면서부터 어려운 일을 겪기 시작했다.

"폭우가 내려 강물이 넘치고 집이 떠내려가고 있습니다."

"물이 넘쳐 금성(경주)까지 밀려 들어와 금성 북문이 무너졌습니다."

재난은 이듬해에도 이어졌다.

"메뚜기 떼가 온 들판의 곡식을 갉아 먹어 큰 흉년이 들었습니다."

"바다의 물고기들이 새까맣게 뭍으로 올라와 죽었습니다."

1. 아달라왕 (?~184)

아달라이사금이며 신라 제8대 왕(재위 기간 154~184)이다. 일성왕의 맏아들이다.

> **2. 길선** (?~?)
> 아달라왕 때 6관등인 아찬을 지낸 신라의 대신이다.
>
> **3. 개루왕** (?~166)
> 백제 제4대 왕(재위 기간 128~166)이다.
>
> **4. 초고왕** (?~214)
> 백제 제5대 왕(재위 기간 166~214)이다.

이는 가뭄과 홍수가 되풀이되면서 일어난 단순한 자연재해였지만 당시 사람들은 매우 불길하게 여겼다. 한순간에 불안에 휩싸인 신라 사람들은 이 모든 재해가 덕이 모자란 왕에게 내리는 하늘의 벌이라고 생각했다.

"어허, 이 무슨 일이란 말인가?"

아달라왕은 궁궐에서 벗어나 직접 백성들을 만나 마음을 달래고 병사들을 위로했지만 불안한 나라 분위기를 틈타 반란이 일어나고야 말았다.

"이 기회에 아달라왕을 몰아내자."

이렇게 반란을 계획한 사람은 길선²이었다. 하지만 반란 음모 계획이 새어 나가 행동으로 옮기지는 못했다. 하지만 문제는 그다음에 일어났다.

궁지에 몰린 길선은 백제로 달아나 버렸고, 백제는 반란자 길선을 받아 주었다. 탈해왕이 백제에 맞서던 마한 군을 받아들였던 것처럼 백제의 개루왕³도 반란자 길선을 받아들인 것이다. 아달라왕은 크게 화를 내며 개루왕에게 길선을 내놓으라고 했지만 개루왕은 이를 거절했다.

"괘씸한 역적 놈을 숨겨 주다니, 백제를 공격해 길선을 내놓도록 위협해라."

신라 군은 아달라왕의 명령에 따라 백제의 성을 공격했다. 그러나 백제 군은 성문을 굳게 잠그고 방어해 신라 군의 공격은 실패하고 말았다.

그 무렵, 백제에서는 개루왕이 세상을 떠나고 초고왕⁴이 왕위에 올랐다. 개루왕과 달리 성격이 과격한 초고왕은 전쟁을 벌이는 것을 망설이지 않았다.

"우리를 먼저 공격한 신라를 용서할 수 없다. 곧바로 신라의 성을 공격하라."

초고왕의 명령을 받은 백제 군은 신라의 두 성을 격파하고, 주민 1,000명을 잡아갔다.

이 소식을 들은 아달라왕은 크게 화를 냈다.

"백제 놈들을 가만두지 않겠다. 내가 직접 나서겠다."

아달라왕은 신하 흥선에게 군사 2만 명을 맡겨 백제를 공격하게 하고 자신도 직접 말을 타고 병사 8,000명과 함께 전쟁터로 나아갔다.

당시에 2만 8,000명이라는 병사의 수는 어마어마한 것이었다. 아달라왕은 일성왕이 강화시켜 놓은 신라 군을 모두 동원했다.

신라 군의 어마어마한 병력에 백제 초고왕은 깜짝 놀랐다.

"신라가 저렇게 세게 나올 줄이야……."

"2만 8,000명의 신라 군과 맞서 싸우는 것은 매우 위험합니다. 붙잡아 온 주민 1,000명을 돌려주고 신라 군을 달래야 합니다."

백제는 별수 없이 신라에 애걸하다시피 매달려 전쟁을 피할 수 있었다. 아달라왕 또한 2만 8,000명의 병력을 모두 출동시킨 것은 커다란 모험이었기 때문에 되돌아가 달라며 매달리는 백제의 부탁을 뿌리치지 않았다.

초고왕은 아달라왕과 벌인 기 싸움에서 지고, 잡아 온 신라 주민 1,000명도 돌려주며 사실상 항복했다는 사실에 속이 쓰렸다.

'반드시 앙갚음을 하고야 말겠다.'

이렇게 이를 바득바득 갈던 초고왕은 몇 년 동안 벼르다가 마침내 170년 10월에 기회를 잡았다. 큰 지진이 일어나고 우박과 서리가 내려 농사까지 크게 망쳐서 신라 사회가 어수선할 때였다.

"지금이 가장 좋은 기회다. 신라를 당장 공격하라."

백제 군은 신라의 국경을 넘어 재물을 빼앗고 마을을 불태우며 사람들을 잡아갔다. 하지만 아달라왕은 이에 맞서 싸울 여유가 없었다. 게다가 172년에는 신라에 전염병까지 크게 돌고, 174년부터는 흙비가 내렸으며 가뭄이 들어 온 나라에 물이 바싹 말라 버렸다.

아버지 일성왕의 시련을 딛고 어느 정도 안정되게 신라를 다스린 아달라왕이었지만, 이때부터 계속 시련을 겪었다. 그리고 마지막에는 왕비의 배신으로 비참하게 죽을 가혹한 운명이 기다리고 있었다.

바람난 왕비와 아달라왕의 죽음

아달라왕이 왕의 자리에 올라 안정된 정치를 할 수 있었던 것은 부인 덕분이었다. 아달라왕은 지마왕의 딸인 내례부인과 결혼해 지마왕 집안의 도움을 받을 수 있었다. 하지만 아달라왕이 비참한 죽음을 맞이한 것도 내례부인 때문이었다.

당시 신라 사회는 전통적인 유교 사상에 따른 남녀 윤리가 없었다. 남편이 있는 여자가 다른 남자와 사귀는 것은 흔한 일이었고 심지어 왕비가 왕이 아닌 다른 남자의 아이를 낳기도 했다. 내례부인도 마찬가지였다.

"못생긴 아달라왕에 비하면 이매는 너무나 매력적이야!"

아달라왕은 큰 코와 튀어나온 턱 때문에 아주 이상한 얼굴이었다. 내례부인이 남편 아달라왕을 제쳐 두고 사귄 사람은 석씨 집안의 이매였다. 내례부인의 애인이 된 이매는 커다란 야심을 품고 있었다.

'지마왕 집안과 손을 잡으면 왕이 될 수 있다.'

이매는 석탈해의 후손인 벌휴의 둘째 아들이었다. 그는 석탈해 이후로 왕을 내지 못해 점점 약해져 가는 가문을 일으켜 세우기 위해 반란을 꿈꾸었다. 이매는 신라에 온갖 재난이 생기고 백제 군까지 쳐들어와 아달라왕의 권위가 무너지기 시작하자 왕위를 빼앗기 위한 계획을 세웠다. 이때 내례부인은 이미

신라사 이야기

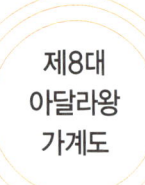

제8대 아달라왕 가계도

이매의 아이까지 낳은 뒤라 아달라왕과는 사이가 아주 나빴다.

"덕이 없는 왕 때문에 나라가 혼란에 빠졌소. 이제 왕을 갈아치워야 할 때가 되었소."

내례부인은 그 말에 장단을 맞추듯 아달라왕을 배신하고 이매 편을 들었다.

"그래요. 당신이 왕이 되면 더할 나위 없이 좋겠지요."

하지만 거인 아달라왕은 쉽게 무너지지 않았다. 아달라왕과 이매의 싸움은 거의 10년이나 계속되었다. 이 과정에서 결국 아달라왕과 이매 모두 목숨을 잃었다. 결국 이매의 아버지 벌휴가 왕의 자리에 올랐다.

그 덕에 석씨 집안뿐만 아니라 내례부인 집안도 함께 권력을 잡았다. 내례부인이 낳은 이매의 아들이 벌휴에 이어 왕위에 올랐기 때문이다.

제9대 벌휴왕실록

미래를 예언한 벌휴왕

신비한 능력을 지닌 벌휴왕

  2만 8,000명의 군사를 이용해 백제를 공포에 떨게 했던 아달라왕이 결국 무너졌던 것은 신라에 여러 자연재해가 덮쳐서 백성들의 믿음을 잃었기 때문이었다.

  전염병과 가뭄으로 아달라왕이 위기에 빠진 틈을 타 반란을 일으켜 왕의 자리에 오른 벌휴왕¹은 백성들에게 특별한 믿음을 심어 주어야 했다.

  《삼국사기》에 이와 관련된 기록이 있다.

  '벌휴는 바람과 구름을 보고 점을 쳐서 홍수와 가뭄이 올 것을 미리 알아맞히고 풍년이 들지, 흉년이 들지도 다 알 수 있다. 또한 사람의 마음을 읽어서 나쁜 사람과 착한 사람을 가려내는 신비한 능력도 있다.'

---

1. 벌휴왕 (?~196)
벌휴이사금이며 신라 제9대 왕(재위 기간 184~196)이다. 석탈해의 손자다.

이는 벌휴왕이 백성들의 믿음을 얻기 위해 일부러 퍼뜨린 소문이다. 자신은 아달라왕과 달리 자연재해도 피해 갈 수 있고 흉년에 미리 대비할 수 있다고 한 것이다. 또한 사람의 마음을 읽는다고 함으로써 누구라도 함부로 자신에게 도전할 수 없도록 했다.

실제로 벌휴왕은 왕이 되기 전에 종교나 무속과 관련된 일을 하는 사람이었을 가능성도 있다. 당시에는 많은 사람들이 무속 신앙을 믿었기 때문에 오늘날 무당이라 부르는 사람들의 영향력이 매우 강했다. 고대에는 왕이 곧 무당이 되어 종교와 정치를 동시에 이끌어 나갔고 신라에도 그런 경향이 많이 남아 있었다.

하지만 신비한 능력이 있다는 소문으로만 왕의 권위를 세울 수는 없었다. 그 사실을 알고 있던 벌휴왕은 직접 온 나라를 돌며 백성들을 만나 다독였으며 농사철에는 백성을 모아 공사를 벌이지 못하도록 해 백성들의 마음을 얻었다.

이렇게 나라를 안정시킨 벌휴왕에게 여전히 남은 골칫거리는 백제의 침략

신라사 이야기

제9대
벌휴왕
가계도

이었다. 백제의 초고왕은 아달라왕에게 항복한 뒤로 앙갚음하기 위해 계속 신라의 국경을 침입하고 있었다.

"국경을 침략하는 백제를 그냥 두면 나라가 어려워질 것이다. 반드시 백제 군을 물리치도록 하라."

벌휴왕은 신하 구도에게 병사를 맡겨 백제 군을 물리치도록 했다. 구도는 이 싸움에서 백제 군 500명을 물리쳐 초고왕의 간담을 서늘하게 했다. 그 뒤로도 계속 백제와 전쟁을 벌여 서로 밀고 밀리며 승패를 주고받았지만 구도에게 호되게 당한 백제 군은 점차 쳐들어오지 않게 되었다.

벌휴왕은 비록 반란으로 왕이 되었지만 백성들의 마음을 얻고 백제 군의 침략도 물리쳐 신라 왕실의 권위를 세웠다. 그리하여 제9대 벌휴왕에 이어 제16대 흘해왕까지 모두 석씨가 왕의 자리를 차지했다. 석탈해 이후 잠잠하게 지내던 석씨 일가는 벌휴왕 이후로 석씨 왕조 시대를 열게 된 것이다.

제10대 내해왕실록

가야를 손에 쥔 내해왕

내해왕시대의 세계 약사

중국에서는 황건적 토벌을 계기로 군사들이 여기저기 일어났고, 전국시대를 평정한 조조, 손권, 유비가 삼국시대를 열어 패권을 다투었다.
로마에서는 카라칼라 황제가 왕위에 올라 212년에 제국의 모든 자유민에게 시민권을 부여하는 안토니우스 칙령을 공포했다. 226년에는 페르시아에 사산 왕조가 일어나 227년에 로마와 페르시아 사이에서 전쟁이 일어났다. 230년에는 조로아스터교가 페르시아의 국교가 되었다.

안정된 왕권을 지켜 내다.

'이제 내 아들을 왕으로 세울 차례야.'

아달라왕을 배신하고 석이매의 아이를 낳은 내례부인은 벌휴왕이 세상을 떠나자 이렇게 다짐했다.

《삼국사기》에는 벌휴왕의 태자 골정이 일찍 세상을 떠났을 때 골정의 맏아들 조분이 너무 어려 내례부인과 석이매의 아들을 왕으로 삼았다고 쓰여 있다. 하지만 내례부인의 영향력이 없었다면 결과는 달라졌을지도 모른다.

내례부인은 단순히 석이매의 애인이 아니라 박씨 왕족을 대표하는 인물이었다. 내례부인과 박씨 집안의 도움 없이는 석씨 왕조가 유지될 수 없었기 때문에 내례부인의 영향력은 무척이나 컸다.

이러한 내례부인의 영향력으로 왕위에 오른 인물이 신라 제10대 내해왕[1]이다.

《삼국사기》에는 내해왕이 왕위에 오르던 날에 큰비가 내려 백성들이 모두 기뻐했다고 쓰여 있다. 또한 왕위에 오른 지 3년째 되던 해에는 박혁거세의 묘 앞에 쓰러져 있던 버드나무가 저절로 일어났다고 쓰여 있다. 이는 내해왕이 박씨 왕족의 지지를 받으며 평탄하게 왕위에 올랐다는 것을 뜻한다.

하지만 내해왕의 앞길은 순탄하지 않았다. 홍수가 나서 수많은 백성이 피해를 입었고 서리가 내려 농사를 망치기도 했다. 그리고 가뭄이 들고 전염병이 돌기도 했으며 우박이 내리고 지진이 나기도 하는 등 마음 편할 날이 거의 없었다.

"홍수로 피해를 입은 백성들에게는 세금을 걷지 마라."

"죄가 가벼운 죄수들은 모두 풀어 주어 백성들의 마음을 달래도록 하라."

내해왕은 온갖 자연재해 속에서 백성들의 인심을 잃지 않기 위해 노력했다. 자신이 직접 여러 지방을 돌아다니며 백성들을 위로하기도 했다.

그렇지만 자연재해 말고도 큰 어려움이 있었다. 신라가 재해를 당한 틈을 타 백제는 물론 말갈, 왜까지 쳐들어온 것이다.

이러한 시련을 모두 이겨 내며 왕권을 안정되게 유지한 내해왕은 마침내 신라의 꿈을 이루어 내는 데 성공했으니, 바로 가야를 손에 쥔 것이었다.

본래 가야는 수로왕이 다스리던 본가야(금관가야)가 나머지

1. 내해왕 (?~230)
내해이사금이며 신라 제10대 왕(재위 기간 196~230)이다. 벌휴왕의 손자로 석이매와 내례부인의 아들이다.

2. 거등왕(?~253)
가야의 제2대 왕(재위 기간 191~253)이다.

다섯 가야를 지배하고 있었다. 그런데 199년 3월 거등왕²이 본가야를 다스리면서부터 문제가 생기기 시작했다.

"왜 우리가 본가야의 지배를 받아야 하지?"

"우리도 힘을 키워 독립하자."

본가야 외의 다섯 가야에서는 이렇게 독자적으로 힘을 키우려는 움직임이 나타났다. 특히 경상도 함안을 중심으로 남강과 섬진강 가까이에 자리 잡고 있던 아라가야는 왜까지 나가 영토를 넓히는 등 상당한 힘을 키워 갔다.

그러자 본가야의 거등왕은 무척 불안해졌다.

이때 한 신하가 말했다.

"신라와 손을 잡는 것이 어떻겠습니까? 본가야가 신라와 손을 잡으면 다섯 가야도 함부로 본가야를 거스를 수 없을 것입니다."

그리하여 거등왕은 신라에 손을 내밀었고 신라의 내해왕은 이를 받아들였다. 하지만 다섯 가야는 본가야에서 벗어나려는 움직임을 멈추지 않았다. 오히려 209년 7월에는 본가야를 뺀 여덟 개 지역이 손잡고 본가야를 공격했다.

다급해진 거등왕은 신라에 도움을 요청했고 내해왕은 거등왕의 요청을 기꺼이 받아들였다.

"이런 기회가 올 줄 알았다. 우로와 이음은 대 병력을 이끌고 가야의 반란군을 물리쳐라. 이번 전투에서 이기면 가야는 신라의 것이 될 것이다."

내해왕의 명령을 받은 우로 태자와 이음 왕자는 가야로 달려가 반란군 장수들을 모두 죽이고 6,000명의 포로를 신라로 잡아 왔다. 그 뒤 신라가 가야 땅을 다스리게 되었다. 가야는 신라의 도움 없이는 왕실을 유지할 수 없었고, 왕자를 신라에 볼모로 보내야 하는 처지까지 되었다.

이로써 신라는 이웃 나라를 위기에서 구했다는 명분도 얻었고, 실제로는 가야를 다스리는 커다란 이익도 얻게 되었다.

신라사 깊이 읽기

가야는 어떤 나라였을까?

가야는 신기루처럼 신비로운 나라로 알려져 있습니다. 나라 이름도 가야 이외에 가락, 가라, 구야 등으로 불렸고, 하나의 나라로 통일된 적도 없었습니다. 어떤 기록에는 6개, 또 다른 곳에는 9개 또는 10개의 가야국이 있었다고 쓰여 있습니다.

원래 가야는 삼한시대의 변한 12국이 모여서 만든 나라입니다. 하지만 이들은 하나의 나라로 통일하지 못했기에 여러 나라가 연맹을 이루는 형태였습니다.

가야 연맹이 만들어진 때는 42년이었고, 이들 연맹을 이끌어 낸 사람은 김수로왕이었습니다. 가야 연맹국은 모두 낙동강 유역에 있었는데, 그 때문에 가야라는 말이 '강'을 뜻한다고 주장하는 사람도 있습니다.

6가야를 구체적으로 말하자면 지금의 부산 김해 땅의 금관가야, 경상남도 함안의 아라가야, 고성의 소가야, 합천의 대가야, 고령의 고령가야, 경상북도 성주의 성산가야입니다.

가야 연맹은 42년에 만들어져 562년 신라에 의해 멸망할 때까지 520년 동안 유지되었습니다. 그런데 하나로 통일되지 못한 나라였기 때문에 늘 백제, 신라, 일본 세 나라의 간섭과 영향력 아래 놓여 있었습니다.

이렇듯 통일되지 못하고 연맹을 이룬 작은 나라들이 500년 넘게 유지된 것은 아주 특별한 일입니다. 당시 가야를 둘러싸고 있던 고구려, 백제, 신라는 모두 강력한 중앙 집권적인 왕조 정치를 펴고 있었습니다. 따라서 그들은 늘 어떻게 해서든 가야의 땅을 빼앗을 궁리만 했습니다. 그런데도 무려 520년 동안이나 무너지지 않고 버텼던 것입니다.

우리가 잘 알고 있듯이 조선 왕조의 역사는 518년입니다. 그런데 가야는 조선 왕조보다도 더 오랫동안 나라를 유지했습니다. 더구나 조선 왕조는 한반도 전체를 다스리는 중앙 집권적인 왕조였습니다. 가야에 견주면 아주 강한 나라였지요. 그런데도 아주 작은 나라의 연맹에 불과한 가야가 조선보다도 더 오랫동안 지속되었다는 것은 특별한 일이지요.

가야는 다른 나라들과 달리 강력한 군대를 갖고 있지 않았습니다. 또한 인구도 적고 땅도 작았습니다. 게다가 나라는 통일되어 있지 않았습니다.

그렇다면 가야는 어떤 방법으로 520년이나 되는 긴 세월을 굳건히 버틸 수 있었을까요? 여기에는 가야 특유의 생존법이 있었답니다. 바로 뛰어난 경제력이었습니다.

가야는 비록 작은 나라였지만 위치상으로는 아주 중요한 곳에 있었습니다. 가야는 섬진강변과 낙동강변 그리고 남해안의 경상도 지역에 영토를 가지고 있었는데, 이곳은 모두 당시의 무역 요충지였습니다. 다시 말해 가야가 차지하고 있던 땅은 백제와 신라, 일본 세 나라의 무역을 잇게 해 주는 곳이었습니다.

가야에서 무역을 하던 나라는 신라, 일본, 백

뿔 모양 잔

짐승의 뿔에 술과 같은 음료를 따라 마시던 것에서 유래되어 제작된 가야의 대표적 유물이다.

국립중앙박물관 소장

제에 한정되지 않았습니다. 당시 고구려도 가야에서 옥을 수입해 중국에 되파는 중계 무역을 하고 있었습니다. 말하자면 가야는 당시 동북아시아 지역에서 가장 큰 무역 시장이었던 셈이지요.

때문에 가야 사람들은 외국에 많이 나가 있었습니다. 특히 일본 규슈 지역은 가야 사람들이 다스릴 정도였습니다. 그래서 지금도 규슈에는 가야 유적이 많이 남아 있지요.

그러나 국가는 경제력만으로는 버틸 수 없습니다. 국방이 튼튼하지 않으면 영토를 빼앗길 수밖에 없었던 것이 당시의 현실이었으니까요.

가야 땅이 무역의 요충지였기 때문에 신라와 백제, 일본 그리고 심지어 고구려까지 가야 땅을 탐내고 있었습니다. 그 때문에 가야는 백제와 일본의 군대를 자기 나라로 끌어들여 서로 견제하고 한편으로는 신라가 쳐들어오는 것을 막도록 했습니다.

하지만 가야가 백제와 일본의 군대를 자기 땅에 끌어들인 것은 큰 실수였습니다.

늘 가야 땅을 노리고 있던 백제

대성동 39호 무덤

금관가야 지배자 집단의 무덤으로 많은 유물들이 출토되었으며, 가야의 성립과 전개, 성격을 알려주는 중요한 유적이다. 구지봉과 수로왕릉 사이에 위치하고 있다.

경상남도 김해 대성동

는 점차 세력이 커졌고, 급기야 동성왕시대에 이르러서는 가야의 영토를 강제로 빼앗으려고 했습니다. 가야 땅 가운데에서 가장 큰 무역 도시로 성장한 곳은 임나였습니다. 그런데 백제는 군사력을 동원해 임나를 빼앗아 버렸지요.

이에 가야는 자기 땅에 머물러 있던 일본 군대를 끌어들여 강하게 맞서 싸웠습니다. 또 가야 사람들이 다스리고 있던 규슈에서는 군대를 출동시켜 백제를 공격하려 했습니다.

하지만 일본의 왕 계체천황이 백제 편을 들어 규슈의 가야 세력을 공격하는 바람에 임나의 요충지는 모두 백제의 손아귀에 넘어갔습니다.

엎친 데 덮친다고 신라도 세력이 커지면서 가야 땅을 노리기 시작했습니다. 신라는 계속해서 야금야금 가야의 땅을 빼앗아 갔고, 가야는 점차 신라에 예속되어 갔습니다.

마침내 562년 신라는 대가야를 멸망시키고 나머지 지역도 모두 손에 넣었습니다. 결과적으로 보자면 백제가 가야의 무역 요충지인 임나를 빼앗는 바람에 가야의 힘이 급격히 약해졌고, 신라가 그 틈을 노려 가야 땅의 대부분을 차지한 셈입니다.

이런 가야의 역사는 《삼국사기》, 《삼국유사》, 《일본서기》 등에 실려 있는데, 그 내용이 너무 적기 때문에 더 이상 자세하게 알 수가 없습니다.

제11대 조분왕실록  # 신라의 위상을 높인 조분왕

왜군과 맞서 싸우다

"왕위는 조분이 잇도록 하라."

내해왕은 세상을 떠나면서 이렇게 유언을 남겼다. 조분은 벌휴왕의 태자인 골정의 아들이었다. 나이 어린 조분 대신 왕이 된 내해왕은 자신의 아들이 아니라 조카 조분에게 다음 왕위를 물려준 것이다.

내해왕이 처음부터 조분을 왕으로 삼으려 한 것은 아니었다. 그에게는 훌륭한 태자 우로가 있었기 때문이다. 하지만 내해왕은 조분을 사위로 삼아 돌보아 주면서 계속 그의 능력과 인품을 관찰했다.

조분은 키가 크고 얼굴이 잘생겼으며 머리가 좋아 일을 잘하고 판단력이 뛰어났다. 내해왕이 태자 우로가 아닌 조분에게

조분왕시대의 세계 약사

중국에서는 위, 촉, 오가 서로 뒤엉켜 싸우는 가운데 조조, 유비, 제갈량 등 삼국시대를 연 1세대 인물들이 모두 차례로 세상을 떠났다. 그리고 조비, 유선 등 2세대 인물들의 대결이 시작되었다.
한편 로마는 사산조 페르시아와 전쟁을 지속했고, 내부적으로는 막시미누스 트라쿠스가 즉위하면서 군인 황제시대가 열렸다. 이때 페르시아는 조로아스터교를 국교로 삼고, 242년부터 마니의 포교가 시작되었다.

왕위를 물려준 것은 이러한 능력을 높이 평가했기 때문이다. 그리고 본래 왕이 될 자격이 있었던 조분에게 왕위를 물려주어 왕권을 안정시키려 한 이유도 있었다.

조분왕¹ 시대에 왕권 다툼이 없었다는 것은 조분왕이 내해왕의 태자 우로를 대장군에 임명한 데서도 알 수 있다. 조분왕이 왕이 되자 우로는 대장군이 되어 신라의 군사 지도자로 활약하기 시작했다.

조분왕은 왕위에 오르자마자 우로로 하여금 감문국(경상북도 김천시 개령)을 공격하도록 했다. 감문국은 본래 가야 연맹에 속했는데, 6가야의 연맹 체제가 무너진 틈을 타 신라가 차지했다.

왕자를 신라에 볼모로 보내는 처지가 된 가야는 신라가 감문국을 차지해도 그냥 두고 볼 수밖에 없었다. 하지만 속으로는 신라에게서 벗어나 가야의 힘을 되찾고 싶어 했다.

"아! 어쩌다가 이런 처지가 되었단 말인가? 신라가 가야 땅을 야금야금 차지하는 것을 그냥 보고만 있어야 하는가?"

"우리 가야 연맹에 속했던 감문국이 신라로 넘어가는 것을 그냥 눈 뜨고 보고만 있어야 하는가?"

이렇게 한탄하던 가야의 지도자들은 신라가 가야 땅을 조금씩 차지하는 것을 막기 위해 왜의 힘을 빌리기로 했다.

"우리가 신라와 직접 싸우기는 어려우니, 왜가 신라를 공격하도록 하는 것이 어떻겠습니까?"

"아주 좋은 방법입니다. 신라가 왜군과 싸우다 보면 가야 땅을 차지하기 위해 공격할 여유도 잃을 것입니다."

1. 조분왕 (?~247)
조분이사금이며 신라 제11대 왕(재위 기간 230~247)이다. 벌휴왕의 손자이며 내해왕의 사위다.

가야와 아주 가깝게 지내던 왜는 가야를 대신해 신라 공격에 적극적으로 나섰다. 그리하여 231년 4월 왜군은 몇천 명의 병사를 이끌고 신라의 금성에 쳐들어왔다. 신라는 왜군이 왜 갑작스럽게 공격해 왔는지 알 수 없었지만 금성까지 쳐들어온 왜군을 가만둘 수 없었다.

"왜군이 신라 땅 깊숙한 곳까지 들어오다니! 내가 직접 군사를 이끌고 나가 그들을 무찌르리라."

조분왕은 직접 말을 타고 왜군과 맞서 싸웠다. 왕이 직접 전쟁터에 나선 만큼 신라 군은 온 힘을 다해 싸웠고 마침내 왜군 1,000명을 물리치며 큰 승리를 거두었다.

하지만 왜군은 232년 5월 다시 신라에 쳐들어왔다. 막강한 힘을 가진 왜국 해군은 신라의 동해안 마을을 공격해 백성들을 두려움에 떨게 했다.

"대장군 우로는 왜군을 물리쳐라."

조분왕의 명령을 받은 우로는 군사를 이끌고 왜군이 쳐들어온 동해안으로 달려갔다. 하지만 왜군이 배를 타고 여기저기로 옮겨 다니며 전투를 벌이는 통에 대장군 우로도 그들을 쉽게 물리치지 못했다.

"왜군은 배를 타고 다니니 배를 불태워 버리면 이길 수 있을 것이다."

두 달 동안 치열하게 싸우다가 우로가 선택한 방법은 배를 불태우는 것이었다. 우로는 바람이 왜군 쪽으로 불 때를 노려 불화살과 불붙은 짚단을 한꺼번에 날리도록 했다. 그러자 왜군의 배에 붙은 불은 바람을 타고 순식간에 크게 타올랐다.

우로의 공격은 크게 성공했고 왜군의 배는 모두 타 버렸으며 왜군은 모두 전사했다. 이 싸움이 있은 뒤 왜 왕은 신라를 함부로 공격하지 못했다.

이렇게 되자 신라의 위세는 더욱 커지고 조분왕의 권력도 더욱 강해졌다. 그리하여 조분왕 7년에는 골벌국(경상북도 영천)이 스스로 신라에 항복해 오기도 했다.

> **2. 고이왕** (?~286)
> 백제 제8대 왕(재위 기간 234~286)이다. 국가의 기초를 다지고 신라를 침범해 영토를 넓혔다.

북쪽으로 영토를 넓히다

자신감을 얻은 조분왕은 영토를 넓혀야겠다고 마음먹었다. 조분왕이 선택한 곳은 북쪽이었다. 서쪽은 전쟁을 잘하는 백제 고이왕[2]이 버티고 있어서 영토를 넓히기 힘들었지만 낙랑이 고구려에 의해 무너진 이후 북쪽에는 주인 없는 땅이 곳곳에 펼쳐져 있었다.

조분왕은 대장군 우로에게 재상 자리를 주면서 이 임무를 맡겼다. 우로 또한 조분왕과 마찬가지로 영토를 넓히는 데 적극적이어서 신라 군을 이끌고 북쪽으로 나아갔다. 그리하여 남한강, 북한강을 건너 칠중하(임진강)까지 공격해 신라의 영토를 넓혔다.

이 소식을 듣고 화가 난 것은 고구려였다.

"신라가 이제 고구려의 코밑까지 와서 칼을 들이대고 있구나. 신라를 그냥 두었다가는 남쪽 땅을 다 빼앗기겠다. 당장 신라 군을 물리치도록 하라."

244년 10월 고구려의 동천왕은 점차 북쪽으로 올라오는 신라 군을 무찌르기 위해 모든 군사를 출동시켰다. 신라 군은 드넓은 만주 대륙까지 나아갔던 고구려 군사들을 당해 내기 힘들었다.

우로 대장군은 마두책(경기도 포천)으로 물러가 다시 한 번 고구려 군과 싸울 준비를 했다. 하지만 때는 음력 10월이라 겨울이 다가오고 있었다. 병사들은 동상과 추위로 고생하며 점점 기운을 잃어 갔다.

"병사들의 힘을 북돋아 주지 않으면 큰일이 나겠구나."

대장군 우로는 직접 추위에 떨고 있는 병사들을 찾아갔다. 그리고 장작불을 피워 주며 병사들의 어깨를 다독이고 손을 잡아 주었다.

"우리는 이제까지 전투에서 져 본 일이 없다. 지금 잠시 고구려 군에 밀렸지만 그대들과 함께라면 다시 싸워 이길 수 있다고 믿는다. 나는 항상 그대들과 함께하겠다. 우리 신라 군의 힘을 보여 주자."

장작을 피워 주며 자신들을 위로하는 왕족 출신의 우로 장군의 모습에 병사들은 크게 감동해 신라 군의 사기가 되살아났다. 이제 고구려 군과 한판 결전을 벌일 차례였다.

신라와 싸우고 있던 고구려 군은 위나라[3]의 관구검[4]이 평양으로 쳐들어오고 있다는 갑작스러운 소식을 들었다.

위나라는 당시 중국 대륙에서 가장 강한 나라였다. 고구려는 만주 대륙과 요서 지방 쪽으로 세력을 넓혀 나가면서 이미 위나라와 한 번 크게 싸운 적이 있었다. 그때는 촉나라, 오나라 등과 다투느라 여유가 없었던 위나라가 고구려에 졌지만, 이번에는 위나라 최정예 병력을 앞세워 고구려를 공격한 것이었다.

"신라와 다툴 틈이 없다. 모든 고구려 군은 위나라에 맞서 싸우도록 하라."

위나라의 공격을 받은 고구려는 신라와의 전쟁을 그만두었다. 신라 또한 강력한 고구려 군과 맞서 싸우는 것이 힘겨웠기 때문에 전쟁은 자연스럽게 끝나 버렸다.

3. 위나라
중국 삼국시대 삼국의 하나로 한나라가 멸망하자 조조가 세운 나라다.

4. 관구검 (?~255)
중국 위나라의 장수다.

신라사 이야기

제11대 조분왕 가계도

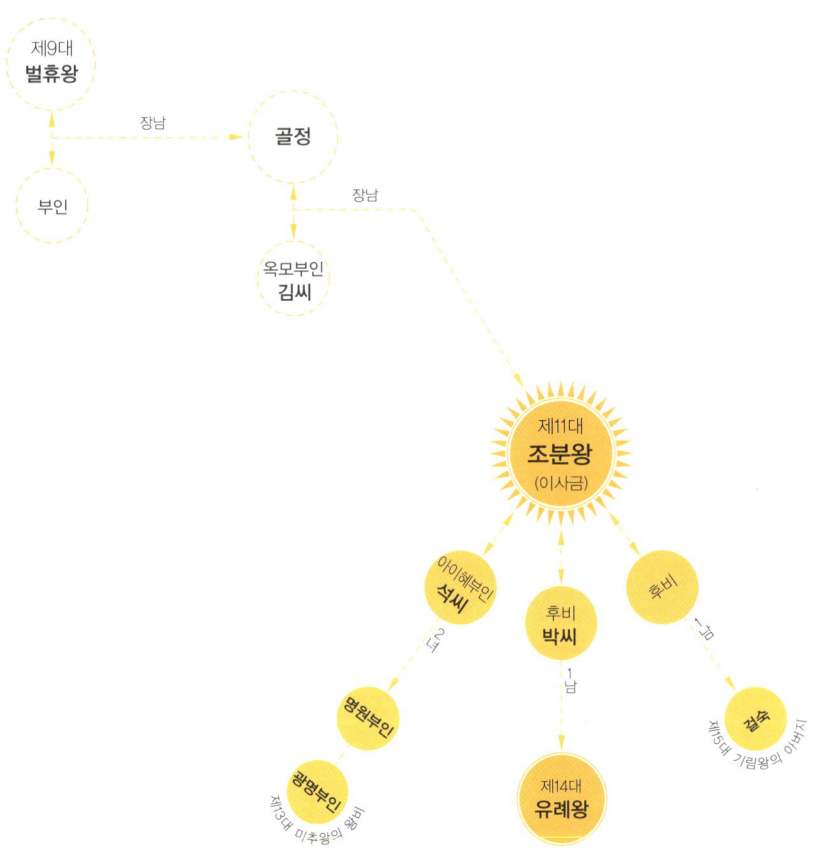

당시 동아시아에서 가장 강한 위나라의 최정예 병력이 고구려를 공격했다는 것은 고구려가 그만큼 강한 나라였다는 뜻이다. 물론 이 전쟁에서 고구려는 위나라의 공격을 받아 곤욕을 치렀지만 결국은 위나라를 몰아내고 동방의 강국으로 커 나갔다.

신라 군이 이런 고구려 군대에 맞서 싸웠다는 것은 신라의 국력이 커졌다는 뜻이며 우로 대장군과 신라 군의 능력이 대단했다는 뜻이다.

조분왕은 이렇게 우로 대장군과 손잡고 북쪽으로 나아가 영토를 넓혔으며 신라의 위세를 크게 떨쳤다. 특히 왜군을 무찌르고 고구려 군과 맞서 싸운 우로 대장군은 당대의 영웅이라 할 만하다.

하지만 조분왕이 세상을 떠나고 첨해왕이 왕위에 오르면서 영웅 우로는 비참한 최후를 맞게 되었다.

제12대 첨해왕실록  왕위를 빼앗은
첨해왕

왕위를 빼앗다

　　　　　　조분왕이 세상을 떠났을 때 왕자들은 너무 어려서 왕위에 오를 수 없었다. 신라에서는 이런 경우 딸에게 왕권을 주었으며 딸을 대신해 사위가 왕이 되기도 했다. 조분왕의 사위는 대장군 우로였다.

　우로는 조분왕과 더불어 신라의 영토를 넓힌 영웅이었으며 내해왕의 태자였기 때문에 왕위에 오를 자격이 충분했다. 누가 보더라도 우로가 왕위를 이어받을 후보 1순위였다. 게다가 나중에 조분왕의 둘째 사위인 미추가 왕이 되는 것을 보더라도 첫째 사위인 우로가 왕이 되는 것은 당연했다.

　하지만 왕위를 노리고 있는 사람은 따로 있었다.

　"형이 죽었으니 내가 왕이 되어야겠다."

조분왕의 동생 첨해는 우로를 밀어내고 자신이 왕의 자리에 올랐다. 사실 《삼국사기》에는 그가 어떻게 왕이 되었는지 쓰여 있지 않다. 이는 그가 조분왕의 뜻에 따라 왕이 된 것도 아니고 가장 유력한 왕위 계승자 후보로서 왕위에 오른 것도 아니라는 뜻이다. 게다가 이때까지 왕의 동생이 왕위를 이어받은 경우는 없었다. 그가 어떤 과정을 거쳐 왕이 되었는지는 알 수 없지만 우로를 제치고 억지로 왕이 된 것은 틀림없다.

"내 아버지 석골정[1]을 세신갈문왕으로 떠받들도록 하라."

우로에게서 왕권을 빼앗은 첨해는 가장 먼저 자신의 아버지인 석골정을 '세신갈문왕'으로 부르도록 해 자신이 벌휴왕부터 시작된 석씨 왕조의 정통 계승자임을 강조했다. 이로써 자신이 왕이 된 명분을 만들고자 한 것이다.

하지만 첨해왕[2]의 걱정은 사라지지 않았다. 신라 군대에서 가장 큰 힘을 가지고 있는 우로가 있었기 때문이다.

'더 이상 우로가 필요 없도록 만들어야겠다.'

이렇게 마음먹은 첨해왕은 조분왕이 힘써 오던 영토 확장 정책을 중단시켜 버렸다. 군대에 큰 영향력을 미칠 수 있는 우로의 힘을 약화시키기 위해서였다.

"고구려와 왜에 사신을 보내 화친을 청하도록 하라. 신라는 이제 이웃 나라들과 평화롭게 지낼 것이다."

이런 첨해왕의 명령으로 신라는 고구려, 왜와 화친을 맺었다. 신라가 스스로 청한 화친이었고 고구려나 왜가 약소국이 아니었기 때문에 첨해왕은 신라의 위신을 떨어뜨리면서 머리

1. **석골정** (?~?)
벌휴왕의 큰아들이며 제11대 조분왕의 아버지다.

2. **첨해왕** (?~261)
첨해이사금이며 신라 제12대 왕(재위 기간 247~261)이다. 조분왕의 동생이다.

를 숙였을 것이다.

조분왕과는 너무 다른 첨해왕의 정책에 우로는 불만을 가질 수밖에 없었다. 동방에서 가장 강한 고구려 군과도 당당히 맞서 싸우며 영토를 넓히려 했던 신라 군의 영웅 우로는 속이 부글부글 끓었다.

하지만 이러한 우로의 불만이 그를 비참한 죽음으로 몰고 갈 줄은 아무도 알지 못했다.

우로 장군의 어이없는 죽음

우로의 죽음에 대해서 《삼국사기》에는 다음과 같은 이야기가 전해진다.

첨해왕 7년에 왜국 사신 갈나고가 대사관에 머물고 있었다. 대사관을 찾아간 우로가 주인처럼 행세하며 왜 왕을 비웃는 말을 했다.

"조만간 너희 국왕을 소금밭의 노비로 만들고, 왕비는 식모로 만들겠다."

왜 왕이 이 말을 전해 듣고 분노해 장군 우도주군을 보내 신라를 공격했다. 그때 대왕(첨해왕)은 간유촌에 나가 있었는데 우로가 찾아가 아뢰었다.

"이 일은 제가 말을 신중하게 하지 못해서 생긴 일이오니, 제가 책임을 지겠습니다."

그런 다음 우로는 왜군을 찾아가 말했다.

"전에 한 말은 농담일 뿐이었소. 왜 왕의 기분을 나쁘게 할 뜻은 없었소."

왜군은 아무 대답도 하지 않고 그를 붙잡아 장작더미 위에 올려놓고 불태워 죽인 다음 가 버렸다.

위의 이야기대로라면 우로 장군은 말을 잘못해 비참하게 죽은 셈이다. 왜군을 물리치고 고구려 군에 맞서 나라를 지켜 낸 신라 영웅의 최후라고 하기에는 너무 어이없는 죽음이다.

그렇다면 대장군에 재상까지 지낸 우로를 불태워 죽인 왜국에 대해 신라는 어떤 태도를 취했을까? 이 정도 일이라면 큰 전쟁이 날 법도 하다.

하지만 놀랍게도 신라 첨해왕은 단 한마디의 항의조차 하지 않았다. 바로 이 점이 우로의 죽음 뒤에 감춰진 비밀이 있음을 짐작케 한다.

당시 우로를 없애 버리고 싶은 마음이 가장 강했던 사람은 누구일까? 말할 것도 없이 첨해왕이다. 첨해왕은 백성과 신라 병사들의 믿음을 얻고 있었던 조분왕의 첫째 사위인 우로를 강제로 밀어내고 왕이 된 인물이다.

그리고 우로와 첨해왕은 나라를 이끌어 가는 데 의견이 아주 많이 달랐다. 우로는 내해왕 시절부터 외적과 숱한 전쟁을 치렀고 조분왕 때는 적극적으로 영토를 넓히기 위한 전쟁을 이끌었다.

하지만 첨해왕은 신라의 영토 확장 전쟁을 그만두고 왜국, 고구려 등에 다소 낮은 자세로 화친을 맺었다. 단지 영토 확장 전쟁을 이끌며 신라 군의 영웅이 된 우로의 힘을 빼앗기 위해서였다.

이런 첨해왕의 화친 정책에 우로는 강한 불만을 가질 수밖에 없었다. 우로는 내해왕의 태자이면서도 조분왕에게 왕위를 내준 뒤에도 조분왕을 도와 신라 군을 이끌었다. 또한 상당한 힘과 영향력을 가졌으면서도 첨해왕에게 왕위를 내주었다. 보통 이런 경우에는 반란이 일어나곤 하지만 우로는 그런 행동을 하지 않았다.

왕족 출신의 고귀한 신분인데도 추위에 떠는 병사들에게 모닥불을 직접 피워 주며 위로한 모습에서도 알 수 있듯이, 그는 겸손하고 욕심이 적으며 애국심이 강한 장군이었다.

그렇기 때문에 지금까지의 정책을 포기하고 주변 나라에 굽실거린 첨해왕의 행동이 못마땅했을 것이다. 그 때문에 우로는 첨해왕의 화친 정책을 강하게 비판했을 것이고, 지난날 신라를 침략했던 왜국에 험한 말을 했을 수도 있다.

왜국은 우로의 말을 빌미로 신라를 공격했지만 첨해왕은 맞서 싸우기는커녕 오히려 자리를 피하고 모든 책임을 우로에게 돌렸다. 우로가 스스로 목숨을 걸고 홀로 왜군을 찾아간 것은 왜군에 맞서지 않는 첨해왕의 행동을 보고 모든 것을 포기했기 때문이라고 볼 수 있다.

이렇게 해서 첨해왕은 왜국의 힘을 이용해 자신의 최대 라이벌인 우로를 없애는 데 성공했다. 자기의 목숨은 버릴지언정 권력을 잡기 위해 반란을 일으킬 생각은 한 번도 하지 않은 우로의 됨됨이는 높이 평가할 만하다.

영웅 우로는 어이없이 죽음을 맞이했지만 이야기는 여기서 끝나지 않았다. 우로의 죽음을 원통해하며 복수의 칼날을 갈고 있는 이가 있었다. 바로 우로의 아내인 명원부인 석씨였다.

첨해왕에 이어 미추왕이 왕위에 오르자 왜국에서 사신을 보내왔다. 이때 명원부인은 미추왕 앞에 나아가 말했다.

"왜국의 사신을 대접할 수 있도록 허락해 주시옵소서."

미추왕의 허락을 받은 명원부인은 자신의 집에 술상을 차려 놓고 왜국 사신을 맞을 준비를 했다. 그리고 힘깨나 쓰는 하인들을 불러 일러두었다.

"나는 오늘 주인의 복수를 할 것이다. 너희는 왜국 사신이 술에 취해 정신을 잃거든 장작불에 던져라."

아무것도 모른 채 명원부인의 집에 와서 기분 좋게 술을 마신 왜국 사신은 결국 명원부인의 집 뜰에서 불에 타 죽었다.

이 사실을 안 왜국에서는 당장 군대를 보내 신라를 공격했

신라사 이야기

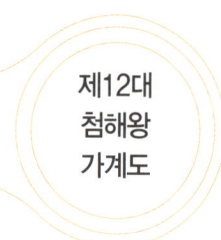
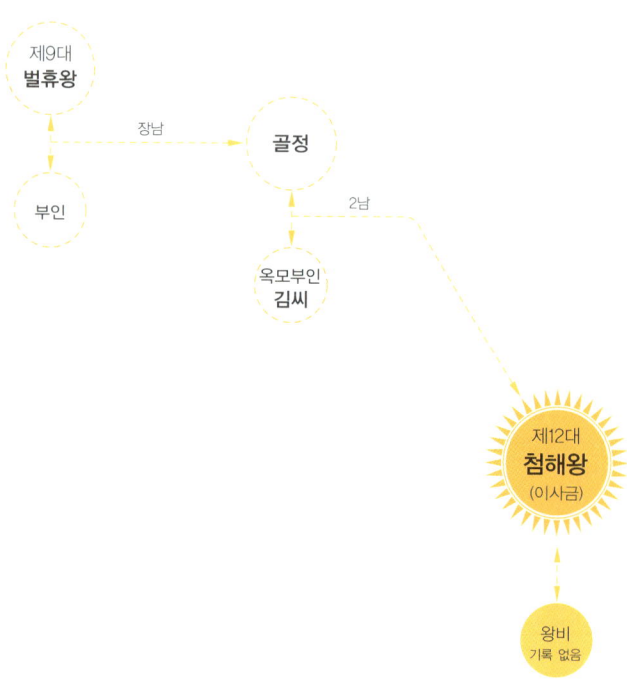

다. 하지만 미추왕은 첨해왕 때와는 달리 곧바로 왜군을 물리쳤다. 이 일을 통해 미추왕은 첨해왕과는 생각이 달랐다는 것을 알 수 있다. 어쩌면 명원부인이 무슨 일을 할지 알면서 왜국 사신을 명원부인 집으로 보냈을지도 모른다.

  사실 미추왕은 조분왕의 둘째 사위로 우로 장군과 가까운 사람이었다. 우로를 죽게 한 첨해왕은 바로 이 미추왕에 의해 죽음을 맞이한다.

제13대 미추왕실록

신라의 수호신령이 된 미추왕

첨해왕을 몰아낸 김알지의 후예

우로 장군이 왜군에게 죽음을 당하자 우로 장군 편 사람들은 첨해왕이 우로 장군을 죽게 했다고 생각했다. 우로가 살해당해도 왜군을 내버려 둔 첨해왕의 행동 때문이었다. 그 가운데서도 가장 크게 화를 낸 사람은 조분왕의 둘째 사위 미추였다.

"왕위도 제 마음대로 차지한 첨해가 우로 장군까지 죽이다니, 더는 두고 볼 수 없다."

"그러면 첨해왕을 몰아내기라도 하겠다는 것입니까?"

"그러지 않으면 우리도 언제 죽을지 알 수 없다."

주위 사람들과 이야기를 나눈 미추는 재빨리 세력을 모았다. 미추의 아내인 광명부인 석씨가 조분왕의 딸이었기 때문에

미추왕시대의 세계 약사

중국에서는 263년 촉한이 위에 항복하고, 위에서는 사마씨가 권력을 잡아 위를 무너뜨리고 진을 세웠다. 280년에 진이 오를 멸망시켜 중국의 삼국시대는 완전히 끝났다. 로마에서는 오랫동안 지속되던 기독교도에 대한 박해가 잠시 중단되었고 페르시아에서 마니교가 전파되었다. 그리고 갈리아에서 노예와 농민에 의한 바가우다에 운동이 일어났다. 로마 철학자 플로티누스가 세상을 떠난 것도 이 무렵이었다.

조분왕 쪽과 우로 쪽 사람들의 힘을 모아 첨해왕을 없앨 수 있었다.

하지만 역사 기록에는 위와 같은 사실이 나와 있지 않다. 《삼국사기》에는 '첨해가 아들이 없었으므로 백성들이 미추를 왕으로 세웠다.'라고 되어 있다. 또한 첨해왕의 죽음에 대해서도 '왕이 갑자기 병이 나서 죽었다.'라고만 기록되어 있다.

그런데도 미추왕¹이 첨해왕을 없앴다고 추측하는 데는 여러 이유가 있다. 우선 첨해왕에게 아들이 없었다면 사위에게 왕위를 잇게 할 수도 있고 그렇지 않더라도 유언을 남겨야 정상이기 때문이다. 또한 《삼국사기》에서는 반란을 일으켜 왕이 된 것으로 여겨지는 왕에 대해 설명할 때면 흔히 '백성들이 추대했다.'라고 썼다는 것도 참고할 필요가 있다.

그리고 첨해왕 7년 4월에 '대궐 동쪽 연못에서 용이 나타나고, 금성(경주) 남쪽에 쓰러졌던 버드나무가 저절로 일어났다.'라는 기록이 있는데, 《삼국사기》는 흔히 왕권을 두고 다툼이 일어났을 때 이런 표현을 쓰곤 한다.

첨해왕을 몰아내고 왕위에 오른 미추는 사실 석씨가 아니었다. 벌휴왕 이후로 석씨 가문에서 계속 왕을 냈고 미추왕 이후에도 석씨 왕조가 계속 이어졌는데, 그 사이에 있는 미추왕만 김씨였다. 이는 미추왕이 첨해왕을 몰아내고 갑자기 왕이 되었기 때문이다. 조분왕의 자손들로 이루어진 석씨 집안의 첫째 사위 우로가 죽은 뒤로 둘째 사위 미추가 조분왕의 계승자 자격을 가질 수 있었던 것이다.

1. 미추왕 (?~284)
미추이사금이며 신라 제13대 왕(재위 기간 262~284)이다. 조분왕의 둘째 사위다.

미추가 왕이 됨으로써 탈해왕 때 신라로 망명한 김알지의 후예가 드디어 왕이 되었다. 제17대 내물왕 이후로 줄곧 김씨 왕조가 이어지는데, 제13대 미추왕은 이때 이미 김씨 왕조의 싹을 틔웠다고 할 수 있다.

백성을 사랑한 미추왕

첨해왕이 세상을 떠났다고 해서 미추가 곧바로 왕이 된 것은 아니었다. 미추는 첨해왕이 죽은 뒤에도 해가 바뀌어서야 왕위에 올랐다. 또한 왕이 된 뒤에도 불안은 계속되었다. 첨해왕 쪽 사람들과 미추에게 반대하는 무리들이

반란을 일으켰기 때문이다.

《삼국사기》에는 이에 대해 다음과 같이 기록되어 있다.

'262년 3월, 대궐 동쪽 못에 용이 나타났다.'
'가을 7월, 금성 서문에 불이 났고, 인가 100여 호^{2}가 연이어 불탔다.'

이 기록은 백성들의 집이 불탈 정도로 치열한 싸움이 벌어졌다는 사실을 말해 준다. 《삼국사기》에는 미추가 왕이 되고 나서 1년이 지난 뒤에야 재상을 임명했다는 기록이 나온다. 이는 미추왕이 반대 세력과 1년 동안 싸운 뒤 정식으로 왕이 되었다는 사실을 알 수 있게 한다.

시작부터 반대 세력의 저항에 부딪힌 미추왕은 왕권을 안정시키고 백성과 신하들로부터 믿음을 얻기 위해 크게 노력했다.

"동쪽 지방을 두루 다니며 백성들을 살피고 백성들과 함께 바다에 제사를 지내야겠다."

"늙고 병들고 가난한 백성들을 직접 찾아가 위로하리라."

이렇게 미추왕은 직접 신라 곳곳을 다니며 백성들을 달래려 했는데, 이런 노력은 그 뒤에도 계속되었다.

"각 지방에 사신을 보내 백성들의 고통과 걱정거리를 알아 오도록 하라."

미추왕의 명령으로 사신들이 직접 지방을 돌아다니며 백성들의 어려움을 알아보았는데, 이는 미추왕 자신이 직접 하던

2. 호(戶)
호적상의 가족으로 이루어진 집이나 가구 수를 나타내는 단위다.

3. 부역
나라에서 백성에게 강제로 시키는 일을 말한다.

일을 조직적, 체계적으로 정착시킨 것이다.

미추왕은 신라 곳곳에서 백성들의 어려움을 알아보고 돌아온 사신들에게 물었다.

"그래, 백성들이 주로 어떤 문제 때문에 힘들어하던가?"

사신들은 여러 가지 문제를 보고했는데 그 가운데서도 가장 많이 나온 이야기가 있었다.

"부역³에 나가느라 농사일을 못하는 것이 괴롭다고 했습니다."

그 당시 지방 귀족이나 관아⁴에서는 툭하면 백성들에게 공사를 시키는 등 부역이 잦았다. 이 때문에 백성들은 바쁜 농사철에도 논밭을 돌보지 못해 농사를 망치거나 쉴 틈 없이 일하곤 했다.

"농사는 나라의 근본이거늘, 부역 때문에 농사를 망쳐서야 되겠는가? 앞으로 함부로 백성들을 끌어 모아 부역을 시키는 일을 금지하라."

미추왕의 명령이 떨어지자 신라 백성들은 박수를 치며 좋아했다. 농사도 짓고 부역도 하던 시절에 백성들은 잠시도 허리를 펼 수 있는 틈이 없어서 무척 괴로워했기 때문이다.

미추왕 자신도 백성들에게 함부로 부역을 시키지 못하도록 한 원칙을 엄격히 지켰다.

한번은 신하들이 궁궐을 새로 지어야 한다고 건의한 적이 있었다.

그러나 미추왕은 신하들의 건의를 받아들이지 않았다.

"궁궐을 새로 지으려면 백성들을 끌어 모아야 하지 않은가? 백성들을 함부로 부려 먹는 일은 결코 있어서는 안 되느니라. 백성들의 노동력을 쓰는 것은 중요한 일이므로 이는 궁궐을 새로 짓는 일 정도와는 비교할 수 없느니라."

사실 궁궐을 새로 지으려면 엄청난 수의 백성들이 혹독하게 일해야만 했다. 어느 시대나 권력을 움켜쥔 왕들은 백성들을 강제로 끌어 모아 궁궐을 짓거나 커다란 공사를 벌이곤 했다. 그 때문에 고통스러워하는 백성들의 불만이 나라를 뒤흔드는

4. 관아
벼슬아치들이 모여 나랏일을 보던 곳이다.

일이 많았다. 따라서 백성들에게 부역을 시키는 일을 아주 신중하게 생각한 미추왕의 결정은 매우 현명했다.

이리하여 백성들에게서 보기 드문 칭송을 받은 미추왕은 다른 나라의 침입에 맞서 신라를 지키는 일도 소홀히 하지 않았다. 백제가 여러 번 신라를 공격해 왔지만 미추왕은 그때마다 한 번도 지지 않고 이를 물리쳤다.

백제 군을 몰아내기는 했지만 침입이 계속되자 국경의 백성들은 항상 불안에 떨고 고통을 당하며 지내야 했다. 백성을 사랑한 미추왕은 이를 그냥 보고 있을 수가 없었다.

"내가 직접 국경 지방의 백성들을 위로하러 가야겠다."

신하들은 위험하다고 말렸지만 미추왕의 결심을 꺾지 못했다. 미추왕은 가는 곳마다 백성들의 환영을 받았지만 많은 나이에 무리하게 지방을 돌다가 그만 병이 들어 284년 10월에 숨을 거두고 말았다.

귀신 군대와 신라의 수호 신령 미추왕

미추왕이 세상을 떠나고 난 뒤에도 신라의 백성들은 미추왕을 결코 잊지 않았다. 백성들이 미추왕을 사랑하고 믿는 마음이 어찌나 컸던지 그가 죽은 뒤에도 신령이 되어 나라를 지켜 준다고 생각할 정도였다. 《삼국유사》에는 신령이 된 미추왕이 귀신의 군대를 부려 나라를 구했다는 이야기가 전해지고 있다.

제14대 유례왕시대에 이서국(경상북도 청도군 이서면) 사람이 와서 금성(경주)을 치니, 신라는 대군을 모아 이를 막았지만 오래 버틸 수 없었다. 그런데 갑자기 이상한 군사들이 와서 신라군을 도왔다. 그들은 모두 댓잎을 귀에 꽂고 있었다.

적군이 물러간 뒤, 댓잎 꽂은 군사들은 어디로 갔는지 알 수 없었고 다만 여러 개의 댓잎이 미추왕의 능 앞에 쌓여 있었다. 이를 보고서야 비로소 선대 임금(미추왕)이 돌본 덕이라는 사실을 알게 되었다. 그때부터 이 왕릉을 죽현릉이라고 불렀다.

이 세상 사람이 아닌 미추왕이 댓잎을 귀에 꽂은 귀신의 군대를 부려서 신라를 지켰다는 이야기는 미추왕에 대한 백성들의 사랑과 믿음이 종교적 신앙에까지 이르렀음을 보여 준다.

사람들은 미추왕이 세상을 떠난 지 500년이 지난 뒤에도 미추왕을 신라의 수호 신령으로 여겼다.

《삼국유사》에는 다음과 같은 이야기가 전해진다.

제37대 혜공왕 때인 대력 14년 기미(779년) 4월에 유신 공의 무덤에서 갑자기 회오리바람이 일어났다. 회오리바람 속에 웬 사람이 좋은 말을 타고 서 있었다. 그는 장군 차림을 하고 있었는데, 갑옷을 입고 무기를 가진 사람 40여 명이 뒤를 따라와 죽현릉으로 들어갔다.

잠시 뒤 왕릉 속에서 왁자지껄한 소리가 났는데, 울음소리

상감유리옥목걸이
미추왕릉에서 나온 목걸이로 여러 종류의 유리목으로 만들어졌다.

영남대학교 박물관

5. 김경신 (?~798)
신라 제38대 왕(재위 기간 785~798)이다.

6. 공덕보
공을 세운 신하에게 왕이 내리는 땅을 말한다.

7. 결
신라 때 논밭 넓이를 재는 단위다.

같기도 하고 하소연하는 소리 같기도 했다.

그리고 뒤이어 이런 말소리가 들렸다.

"저는 살아생전에 정치를 돕고 나라를 통일한 공을 세웠습니다. 또 죽어 혼령이 되어서도 나라를 지키며 재앙을 물리치고 어려움을 해결하고자 하는 마음이 잠시도 변함이 없었습니다. 그런데 지난 경술년(710년)에 제 자손이 죄 없이 사형을 당했고, 왕과 신하들은 저의 공적을 생각하지 않으니, 저는 멀리 다른 곳으로 가서 다시는 애써 걱정하지 않겠사옵니다. 왕께서 이를 허락해 주소서."

미추왕이 대답했다.

"나와 그대가 이 나라를 지키지 않는다면 저 백성들을 어떻게 할 것이오? 그대는 이전과 다름없이 힘을 써 주시오."

유신 공은 세 번 청한 다음, 미추왕의 대답을 듣기도 전에 회오리바람과 함께 사라졌다.

혜공왕이 이 말을 듣고 겁이 나서 곧바로 대신 김경신[5]을 보내 유신 공의 무덤에 가서 사과하게 하고, 유신 공을 위해 공덕보[6] 밭 30결[7]을 취선사에 맡겨 그의 명복을 빌게 했다. 이 절은 유신 공이 평양을 친 뒤 복을 빌기 위해 세운 것이었다.

미추의 영혼이 아니었다면 유신 공의 노여움을 막을 수 없었을 것이니, 왕(미추왕)이 나라를 보호하려는 마음이 간절하다고 할 수 있다. 그리하여 나라 사람들이 그의 덕을 기려 삼산(신라에서 가장 큰 제사 장소로 나림, 골화, 혈례의 세 곳)에 끊이지 않고 제사를 모셨고, 제사의 직위를 오릉(혁거세왕의 능)보다 높여 대묘라고 일컬었다.

8. 김유신 (595~673)
삼한 통일을 이룩한 신라의 장군이다.

위 이야기에 나오는 유신 공은 삼한을 통일하는 데 큰 공을 세운 김유신[8] 장군이다. 혜공왕 때 김유신의 후손들이 정치적으로 탄압을 당하자 화가 난 김유신의 귀신을 미추왕의 영혼이 달랬다는 내용이다.

이 이야기를 통해 신라 사람들이 500년 넘도록 미추왕을 수호 신령으로 섬겼다는 것을 알 수 있다. 그만큼 미추왕에 대한 백성들의 기억이 좋았기 때문이다.

이 이야기의 마지막 부분에서 미추왕의 능을 혁거세의 능보다 높게 대우했다는 내용이 나오는데, 이는 단순히 신라인의 신앙 차원이 아니라 정치적인 면에서 해석해야 한다.

미추왕은 제17대 내물왕 이후로 신라를 줄곧 다스리게 되는 김씨 왕조의 첫 번째 왕이며 혁거세왕은 신라를 세운 박씨 왕조의 시조다. 혁거세왕보다 미추왕을 높게 대우했다는 것은 경주 김씨 왕조가 일부러 미추왕을 떠받들도록 해 김씨 왕조의 정통성을 더욱 튼튼하게 하고자 했다는 것을 뜻한다.

즉, 미추왕 신앙은 김씨 왕조의 정치적 목적에 따라 부풀려졌다는 말이다.

신라사 이야기

제13대 미추왕 가계도

하지만 김씨 왕조가 이 같은 일을 할 수 있었던 것은 미추왕이 실제로 백성들을 위한 정치를 펼쳤고 백성들의 사랑을 얻었기 때문이다. 첨해왕을 몰아내고 갑작스럽게 왕위에 오른 미추왕이었지만 보기 드문 정치적 성공을 이룬 셈이다.

제14대 유례왕실록

왜국 정벌을 꿈꾼 유례왕

왜국 정벌을 시도하다

미추왕의 뒤를 이어 왕위에 오른 사람은 조분왕의 맏아들 유례였다. 미추왕도 조분왕의 둘째 사위로서 왕위에 올랐기 때문에 조분왕 가문에서 왕위를 잇는 것은 당연한 일이었다.

유례가 왕이 되었을 때 신라는 위태로운 국제 관계 속에 놓여 있었다. 최대의 경쟁자 백제와는 여전히 날카롭게 맞서고 있었고 왜국과는 화해할 수 없을 정도로 험악한 관계가 되어 있었다.

왜국과 신라 사이가 나빠진 것은 미추왕 말기에 우로 장군의 아내인 명원부인이 왜국 사신을 불태워 죽인 사건 때문이었다. 이 사건으로 크게 화가 난 왜 왕이 곧바로 군대를 보내 공격했을 때는 미추왕이 힘겹게 막아 냈지만 왜국은 더 큰 공격을 준비하고 있었다.

"왜국이 곧 많은 군사를 이끌고 공격해 올 텐데 이 일을 어찌해야 하는가?"

유례왕이 걱정하고 있을 때 신하들이 말했다.

"왜국의 공격에 대비하기 위해서는 백제와 화친을 해야 할 것이옵니다."

"백제와 화친을 한다고? 그렇게 되면 좋겠지만 백제가 허락하겠는가?"

"마침 백제의 고이왕이 병에 걸려 다 죽게 되었다고 하니 백제로서도 우리와 계속 싸우는 것은 부담스러울 것이옵니다."

"그래? 그러면 백제와 화친할 수 있도록 해 보아라."

백제에서도 신라 왕이 백제와 화친하고 싶어 한다는 소식을 듣고 반가워했다.

"왕께서 병이 들어 왕실이 불안한 이때 위로는 고구려, 동쪽으로는 신라와 한꺼번에 전쟁을 벌이는 것은 너무 위험하니 우리가 먼저 사신을 보내 신라와 화친하도록 합시다."

백제의 신하들과 왕실은 이렇게 결정하고 신라에 사신을 보내 화친을 제안했다. 그 뒤 신라와 백제는 오랫동안 전쟁을 벌이지 않았다.

하지만 그렇다고 해서 신라의 걱정이 사라진 것은 아니었다. 신라를 위협하는 세력 가운데 가장 두려운 세력은 왜국이었기 때문이다. 신라는 산맥에 둘러싸여 있어 육지로 공격해 오는

1. 유례왕 (?~298)
유례이사금이며 신라 제14대 왕(재위 기간 284~298)이다. 조분왕의 맏아들이다.

적은 쉽게 막을 수 있었지만, 넓은 동해를 끼고 있어서 바다로 쳐들어오는 적을 막아 내기가 쉽지 않았다. 특히 바다 싸움에 강한 왜군은 신라의 바다 어느 곳에라도 나타나서 칼을 휘두르고 불을 질렀으며 곧장 금성(경주)으로 공격해 오곤 했다.

예상대로 왜는 287년 4월 대군을 이끌고 신라를 공격해 왔다. 이때 그들은 마을을 불태우고 주민 1,000명을 붙잡아 왜국으로 끌고 갔다. 신라 군이 미처 손을 쓸 틈도 없었다.

백성들 사이에서는 왜군이 다시 쳐들어올 것이라는 소문이 파다하게 퍼졌다.

"배와 무기를 고쳐서 왜군의 침입에 대비하도록 하라."

유례왕은 이렇게 명령하며 왜군의 침입에 대비했지만 292년 6월에 왜군이 다시 쳐들어와 사도성(경상북도 영일만 일대)을 차지했다. 유례왕이 재빨리 군사를 보내 성을 되찾았지만 왜군은 물러가면서 성을 불태우고 많은 주민을 잡아갔다.

신라가 왜의 공격에 시달릴수록 유례왕의 신경을 건드리는 세력이 있었으니, 바로 가야였다. 오래전부터 왜와 동맹을 맺고 있던 가야는 신라를 공격하는 왜를 뒤에서 돕고 있었다.

"왜군을 돕는 가야를 그냥 두어서는 안 되겠다. 지금 곧 가야를 공격하라."

유례왕의 명령을 받은 신라 군은 당장 공격해 가야의 남쪽인 섬진강변의 다사군(하동)까지 점령해 버렸다.

신라가 가야를 공격하자 이번에는 왜가 신라의 사도성 근처에 있는 장봉성을 공격해 왔다. 하지만 유례왕은 이런 일이 일어날 것을 예상해 미리 대비하고 있었다.

　그 덕분에 왜군으로부터 장봉성을 지킬 수 있었다. 하지만 신라 사람들은 왜군이 언제 또다시 공격해 올지 알 수 없어 항상 불안에 떨어야 했다.

　이에 유례왕은 마침내 큰 결심을 하기에 이르렀다.

　"넓은 바다의 어느 곳으로 올지 알 수 없는 왜군 때문에 신라는 항상 불안에 떨어야 하는가? 왜군이 나타났다는 소식을 듣고 달려가면 이미 마을이 불타고 주민들은 잡혀가고 난 다음이니 도대체 어떻게 그들과 싸울 수 있단 말인가? 누구라도 좋으니 좋은 대책을 말해 보라."

　하지만 신하들은 딱히 좋은 대책을 내놓지 못했다. 그러자 유례왕이 말했다.

　"왜국 본토를 공격해 아예 왜군이 다시는 신라에 쳐들어올 수 없도록 하는 방법밖에 없다. 짐이 백제와 함께 힘을 모아 왜국을 공격하는 게 어떻겠는가?"

　이 말을 들은 신하들은 깜짝 놀랐다. 왜국을 공격하려면 신라가 생긴 뒤로 가장 많은 병력이 필요했다. 이는 신라의 운명을 통째로 거는 어마어마한 일이었던 것이다.

　"신라 군은 바다에서 싸우는 일에 익숙하지 않아서 왜군을 당할 수 없습니다. 또한 백제는 지금 우리와 화친을 하고 있다고는 하나 완전히 믿을 수 있는 나라는 아닙니다. 왜국을 공격하는 것은 너무 위험한 모험입니다."

　유례왕의 왜국 정벌을 반대한 사람은 재상 홍권이었다. 유례

왕이 듣기에도 홍권의 말은 틀린 데가 없었다.

"그러면 도대체 어찌해야 하는가?"

유례왕은 발을 동동 굴렀지만 뾰족한 수가 없었다. 신라는 왜가 언제 공격해 올지 몰라 안심할 수 없었다. 게다가 297년 1월에는 가야가 신라를 공격해 왔다.

가야의 매서운 공격에 신라는 궁지에 몰렸다. 가야는 이서고국(경상북도 청도)에 병력을 모아 금성을 공격했는데, 그 기세가 보통이 아니었다. 이렇듯 가야가 신라를 궁지에 몰아넣을 수 있었던 것은 왜의 도움 때문이었다.

미추왕의 귀신 군대, 즉 댓잎 병사들이 나타난 것은 바로 이때였다. 신라는 댓잎 병사들의 도움으로 가까스로 가야 군을

몰아낼 수 있었다.

　그 댓잎 병사들은 과연 누구였을까? 백제의 지원군이었을 가능성이 높다. 당시 백제는 신라와 손잡고 위로는 고구려, 아래로는 가야, 왜와 맞섰기 때문에 신라를 도울 이유가 있었다. 하지만 백제 군이 드러내 놓고 신라 군을 돕는다면 뒤에 가야와 왜의 공격을 받을 수 있었기 때문에 신분을 감추었을 가능성이 높다.

　어쨌든 댓잎 병사들의 도움으로 위기에서 벗어난 유례왕은 가야의 공격을 막아 낸 지 얼마 되지 않아 곧 숨을 거두었다.

제15대 기림왕실록

왜와 화친을 추진한 기림왕

1. **기림왕** (?~310)

   기림이사금이며 신라 제15대 왕(재위 기간 298~310)이다. 조분왕의 둘째 아들인 걸숙의 아들이다.

신라와 왜의 불안한 관계

유례왕이 세상을 떠나자 기림왕이 왕위에 올랐다. 유례왕이 죽고 나서도 왜군이 공격해 올까 봐 두려움에 떨던 신라의 불안한 처지는 이후로도 오랫동안 계속되었다. 이는 넓은 동해 바다를 끼고 있는 신라의 숙명과도 같았다. 경상도 남쪽에서 강원도까지 이르는 길고 긴 해안 어디에서라도 왜군이 불쑥 나타날 수 있었다. 또한 궁궐이 있는 금성까지 왜군이 쳐들어올 수 있는 길은 한두 개가 아니었다. 이처럼 신라는 지형적으로 왜군에 약할 수밖에 없었다.

신라 사람들이 왜를 얼마나 골칫거리로 여기며 두려워했는지는 문무왕의 수중 왕릉에서 잘 엿볼 수 있다. 문무왕은 자기가 죽어서 바다의 용이 되어서라도 왜군을 막겠다며 수중 왕릉을 만들라고 할 정도였으니 말이다.

이렇게 골치 아픈 왜군의 침입을 근본적으로 막기 위해서는 왜국 본토를 공격하는 수밖에 없었지만, 그것은 불가능한 일이었다. 왜국의 수군과 맞서기 위해서는 신라의 수군을 주력군으로 만들어야 한다. 하지만 신라는 가야, 백제, 고구려와 싸우면서 한반도 서쪽과 북쪽으로 영토를 넓혀야 했기 때문에 육군이 주력이 될 수밖에 없었다. 그래서 유례왕의 왜국 공격의 꿈은 이루어지지 않았다.

기림왕은 결국 왜와 화친하는 방법을 택했다. 신라 사람들을 가장 불안에 떨게 한 왜와 화친했다는 것은 커다란 업적이라고 할 수 있다. 하지만 왜의 공격이 두려워 맺은 화친이기 때문에 신라에 불리할 수밖에 없었다.

기림왕은 재위 3년에 왜와 화친 약조를 추진해 마침내 성사시켰다. 덕분에 한동안 왜는 쳐들어오지 않았다. 그리고 이때 마침 북쪽에 있던 낙랑이 항복해 오고, 백제에 붙잡혀 있던 대방국[2]

제15대 기림왕 가계도

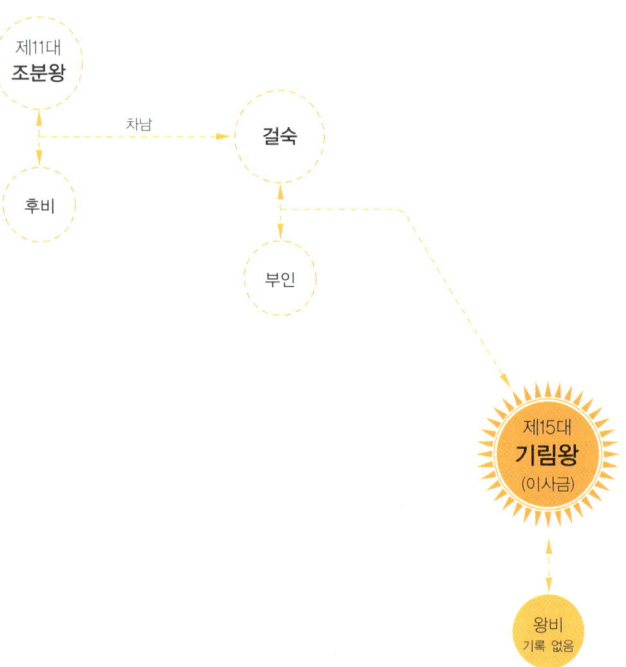

의 왕족들이 망명해 왔다. 그래서 신라는 한층 더 힘을 키울 수 있게 되었다.

하지만 기림왕은 자주 병을 앓았고, 그 때문에 왕위에 오래 있지 못했다. 여러 번 큰 병을 앓던 기림왕은 왕위에 오른 지 13년 만에 세상을 떠났다.

2. 대방국

한반도에 설치되었다고 하는 한나라 군현 중 하나로 보고 있으나 확실하지 않다. 최근에는 대방국이 중국 땅에 있었다는 학설이 강하게 대두되고 있다.

제16대 흘해왕실록

어린 나이에 왕위에 오른 흘해왕

흘해왕시대의 세계 약사

중국 진나라에선 팔왕의 난이 일어나 사마씨 왕조가 흔들렸고, 곳곳에서 흉노, 선비, 강, 저, 갈족 등이 세력을 키워 이른바 5호16국시대가 열렸다. 한편 사마 왕조의 후예인 사마예는 317년 건강에 도읍을 정하고 동진을 세웠다.
로마에서는 기독교에 대한 마지막 박해가 있었으나, 306년 황제에 오른 콘스탄티누스가 기독교 박해 중지령을 발표하고, 313년에 밀라노 칙령을 공포했다.

불안한 왕권

기림왕에 이어 왕위에 오른 흘해왕은 내해왕의 태자인 우로 장군의 후손이었다. 기림왕이 아들 없이 세상을 떠나자 신하들이 의논해 흘해왕을 왕위에 앉혔다.

흘해왕은 왕위에 오를 때 아직 소년이었다. 때문에 왕권이 강하지 못했고, 나라도 안정되지 못했다.

그때 왜에서 신라에 이런 요구를 해 왔다.

"신라의 왕녀를 왜국 왕자의 부인으로 삼으려고 하니 하루빨리 왕녀를 보내도록 하시오."

흘해왕은 왜 왕의 요구에 매우 당황했다. 왜가 신라를 아랫사람 대하듯 일방적으로 왕녀를 보내라고 했기 때문이다. 왜국으로 시집간 공주는 왜가 볼모로 삼을 수도 있었다.

다행히 흘해왕은 아직 어려서 시집보낼 만한 딸이 없었다. 그래서 대신 재상인 급리[2]의 딸을 왜국으로 보냈다. 이렇게 해서 신라와 왜는 결혼을 통한 동맹을 맺어 이후 32년 동안 평화롭게 지냈다.

하지만 흘해왕이 왕위에 오른 지 35년이 되는 해에 왜 왕은 또다시 신라의 공주를 왜국으로 시집보내라고 요구했다. 이번에는 흘해왕의 딸을 보내라고 요구했는데, 거절할 만한 명분이 없어 이렇게 둘러 댔다.

"공주는 이미 승려가 되었으므로 왜국으로 시집보낼 수 없겠소."

이 말을 들은 왜 왕은 크게 화를 내며 말했다.

"승려가 되었다고? 나를 속이고 이 나라를 무시하겠다는 것이 아닌가? 더 이상 신라와는 화친할 수 없다. 다시 전쟁을 시작할 것이다."

왜 왕이 흘해왕의 딸을 요구한 것은 신라를 손에 쥐고 마음대로 주무르기 위해서였다. 그러나 신라가 이를 거절하자 신라와의 화친을 깨 버렸다. 신라를 공격해 이득을 얻겠다는 생각을 하고 있었던 것이다.

신라와 절교한 왜 왕은 이듬해에 신라를 공격했다. 왜군은 일단 풍도(포항 앞바다의 목출도)를 차지해 백성들의 재산을 빼앗고 마을을 불태우며 칼을 휘둘렀다. 그리고 이어서 금성(경주)으로 공격해 와 순식간에 에워싸 버렸다.

"왜군이 벌써 금성까지 왔단 말인가? 빨리 병사들을 보내 맞

1. 흘해왕 (?~356)

흘해이사금이며 신라 제16대 왕(재위 기간 310~356)이다. 내해왕의 태자였던 우로 장군의 후손이다.

2. 급리 (?~?)

311년 아찬의 자리에 올라 국가의 중요한 일을 맡았으며 314년 둘째 등급인 이찬이 되었다.

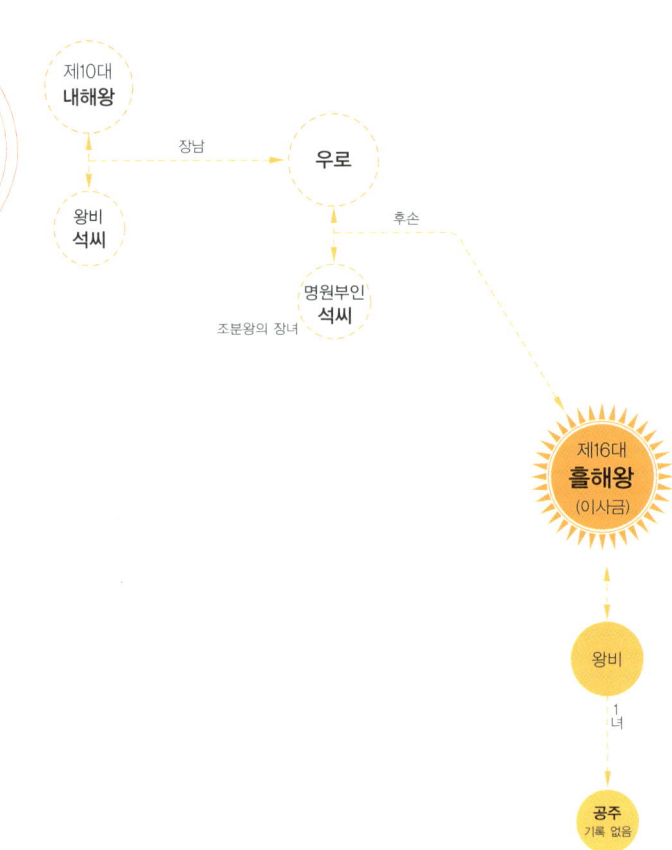

서 싸우도록 하라."

흘해왕이 명령하자 신하 강세가 말했다.

"왜군이 여기까지 기세 좋게 달려왔으니 지금 당장은 그 기운을 당해 낼 수 없습니다. 멀리서 온 그들이 지칠 때까지 기다리는 것이 좋을 듯합니다."

흘해왕은 이 말을 받아들여 성문을 굳게 걸어 잠그고 방어만

철저히 하기로 했다. 시간이 지나자 왜군은 식량이 떨어져 물러나기 시작했다.

"이때다! 기마 병사들로 하여금 왜군을 뒤쫓아 모조리 목을 베게 하라."

흘해왕의 명령을 받은 신라 군이 왜군을 맹렬히 뒤쫓으며 공격하자 그렇지 않아도 지쳐 있던 왜군은 매우 당황해하며 힘없이 무너졌다.

이 싸움이 있은 뒤 왜군은 더 이상 신라를 쉽게 공격해 오지 못했다. 신라에 많은 수의 군사를 보내 공격하려면 엄청난 식량과 물자가 필요했고 병사들을 많이 잃으면 이를 보충할 시간이 필요했기 때문이다.

하지만 신라와 왜 사이에는 여전히 전쟁의 불씨가 남아 있었다. 그나마 백제와 화친을 계속 유지하고 있었다는 것이 불행 중 다행이었다.

제17대 내물왕실록

허수아비로 왜군을 물리친 내물왕

허수아비로 왜군을 물리치다

흘해왕에 이어 왕위에 오른 이는 내물왕[1]이었다. 《삼국사기》에는 '흘해가 죽고 아들이 없었으므로 내물이 뒤를 이었다.'라고만 기록되어 있다. 내물왕은 흘해왕의 사위도 아니고 왕실의 자손도 아니어서 정상적으로 왕위에 오를 수 없는 인물이었다.

결정적으로 내물은 석씨가 아니라 김씨였다. 내물왕 이후로 석씨는 완전히 몰락해 왕을 내기는커녕 왕비도 못 내는 처지가 되었다. 박씨는 석씨 왕조 이후에도 높은 벼슬을 하고 왕비도 냈던 것을 볼 때, 내물왕이 석씨들을 몰아내고 힘으로 왕위를 차지했음을 알 수 있다.

실제로 내물왕 이후에는 경주 김씨가 신라 왕실을 완전히 독

내물왕시대의 세계 약사

중국에선 5호16국시대가 절정에 이르렀다. 이들 다섯 북방 민족은 400년대 초까지 건국과 멸망을 거듭했다. 한쪽에선 사마씨의 동진이 세력을 넓혀 그들과 각축전을 벌이고 있었다.
로마에서는 게르만족의 대이동이 시작되고 프랑크족, 훈족, 고트족 등이 힘을 키우고 있었다. 또한 364년에 로마는 동서로 나뉘었다가 394년에 데오도시우스 황제에 의해 통일되었다. 그러나 395년에 데오도시우스가 세상을 떠나자 다시 동서로 나뉘었다.

차지했다. 마한에서 망명해 온 김알지의 후예들이 신라를 다스리기 시작한 것이다.

내물왕은 힘으로 왕위를 빼앗았기 때문인지 백성들의 마음을 얻기 위해 여러 가지 일을 벌였다.

"각 지역에 특사를 보내 홀아비, 과부, 고아, 자식 없는 노인들을 위로하고 이들에게 곡식을 내리도록 하라."

"효성이 깊고 우애가 두터운 관리들을 추천해 이들의 벼슬을 올려 주도록 하라."

이렇게 민심을 달랜 내물왕은 왕위에 오른 지 3년째 되던 해에는 혁거세왕의 묘에 직접 제사를 지냈다. 자신이 왕위에 오른 것이 정통성이 있다는 사실을 알리기 위해서였다.

이로써 3년 만에 김씨 왕조를 안정적으로 만들긴 했지만 내물왕 또한 신라의 가장 큰 걱정거리를 피해 가지는 못했다. 그것은 왜군의 침략이었다.

"왜군이 또다시 쳐들어왔습니다."

"많은 수의 왜군이 백성들에게 칼을 휘두르고 있습니다."

"왜군이 무시무시한 기세로 금성(경주)으로 몰려오고 있습니다."

내물왕이 왕위에 오른 지 9년째 되는 해였다. 내물왕은 어찌해야 할지 곰곰이 생각했다. 대군을 이끌고 쳐들어오는 왜군과 정면으로 맞서는 것은 무리였다.

내물왕은 고민 끝에 꾀를 내어 명령을 내렸다.

"지금 당장 풀을 엮어 사람과 비슷한 크기의 허수아비 몇천

1. 내물왕 (?~402)

내물이사금 또는 내물마립간이며 신라 제17대 왕(재위 기간 356~402)이다. 이때부터 마립간이라는 호칭을 썼다. 석씨 왕조 시대를 끝내고 김씨 왕조 시대를 열었다.

개를 만들어라. 그리고 허수아비에 옷을 입히고 무기를 들게 해 토함산 산등성이에 길게 늘어놓아라."

내물왕의 명령대로 하니 토함산 산등성이에 몇천 명의 군사들이 적을 기다리고 있는 것처럼 보였다. 내물왕의 꾀는 여기에서 그치지 않았다.

"왜군이 달려오는 길목에 있는 동쪽 벌판에 병사 1,000명을 숨겨 놓아라."

마침내 금성에 도착한 왜군은 토함산의 허수아비 군대를 보았다.

"병사가 몇천은 되겠구나. 하지만 몇천 명으로 우리를 막을 수는 없지. 토함산에 있는 신라 군을 모두 없애고 금성으로 들어가자."

왜군은 자신들의 수가 토함산에 있는 신라 군보다 훨씬 많다는 사실만 믿고 그대로 공격해 나갔다. 토함산만 넘으면 바로 금성이기 때문에 신라의 왕궁을 차지할 수 있다고 생각해 오직 앞으로만 달리기 시작했다.

그때 신라 병사 1,000명이 토함산으로 내달리는 왜군의 옆구리를 치면서 달려들었다. 왜군은 앞에 보이는 토함산만 바라보고 있었기 때문에 신라 군이 갑자기 나타나자 크게 당황했다.

"도대체 신라 군의 수가 몇 명이냐? 또 어디에 숨어 있는 것이냐?"

당황한 왜군 행렬은 흐트러졌고 병사 수가 훨씬 많은데도 제대로 싸우지도 못한 채 물러나기 시작했다.

"지금이다. 신라의 모든 병사들을 출동시켜 왜군을 쫓아라."

경주 토함산

높이 745미터로 경주에서 가장 높은 산이다. 신라인의 얼이 깃든 영산으로, '동악'이라고도 불린다. 예부터 불교의 성지로 자리잡아 불국사, 석굴암 등 유물과 유적이 많다.

경상북도 경주시 진현동

> **2. 《삼국지》**
> 중국 진나라 진수가 지은 역사책이다. 모두 65권으로 되어 있으며 우리나라 역사 연구에 귀중한 자료이기도 하다.
>
> **3. 《삼국지연의》**
> 중국 원나라 나관중이 지은 역사 소설이다. 유비, 관우, 장비가 의형제를 맺는 것에서 시작해 중국이 통일될 때까지의 역사를 다루고 있다.
>
> **4. 김부식** (1075~1151)
> 고려시대 학자이자 정치가다. 1145년에 《삼국사기》를 펴냈다.
>
> **5. 일연** (1206~1289)
> 고려시대의 승려. 고대 설화를 모은 《삼국유사》를 펴냈다.

내물왕의 명령을 받은 신라 군은 도망가는 왜군을 공격했다. 왜군은 엄청난 수의 병사를 잃고 돌아갔으며 당분간 다시 신라를 침략할 엄두를 내지 못했다.

하지만 전쟁은 끝난 것이 아니었다. 오히려 왜국뿐 아니라 한반도의 모든 나라들이 뒤엉켜서 복잡하게 싸우는 시대가 다가오고 있었다.

한반도의 오국지

중국의 위, 촉, 오가 서로 대륙의 주인이 되기 위해 다투던 시대의 역사를 담은 것이 바로 진수의 《삼국지》[2]다. 이는 나관중의 《삼국지연의》[3]라는 소설로도 만들어져 세상에 널리 알려졌다.

고려시대의 학자이자 재상이었던 김부식[4]도 《삼국사기》를 써서 고구려, 백제, 신라가 다투던 역사를 기록했고 승려 일연[5] 또한 《삼국유사》를 펴내 역사를 전했다. 그리하여 오늘날 우리는 고구려, 백제, 신라의 삼국이 마치 중국의 위, 촉, 오처럼 활발하게 경쟁하던 것으로 여기고 있다.

하지만 정확히 말하자면 당시 한반도에는 '삼국지'가 아닌 '오국지'가 펼쳐지고 있었다고 할 수 있다. 고구려, 백제, 신라 말고도 가야와 왜도 싸움을 벌였기 때문이다.

내물왕 직전까지 신라는 주로 동맹을 맺은 가야와 왜에 맞서 싸우고 있었는데 내물왕 때부터 백제, 고구려까지 끼어들어 더

복잡해졌다.

먼저 백제와 신라는 유례왕 때 화친을 맺은 뒤 거의 100년 동안 사이좋게 지내 왔는데 이 관계에 조금씩 변화가 생기기 시작했다. 백제의 생각이 달라졌기 때문이다.

백제의 근초고왕[6]은 368년 신라에 선물을 보내왔다. 이때 신라에서는 홍수가 일어나 어려움을 겪고 있을 때라 내물왕은 근초고왕의 선물에 큰 위로를 받았다.

하지만 근초고왕이 선물을 보낸 데에는 다른 뜻이 있었다.

"왜와 국교를 맺어야겠는데 아무래도 동맹국 신라가 마음에 걸린다. 우리가 왜와 국교를 맺더라도 그것이 신라와 손을 놓겠다는 뜻이 아니라는 사실을 알릴 필요가 있다."

그러나 아무리 귀한 선물을 받더라도 신라 입장에서는 동맹국 백제가 자신의 원수인 왜와 국교를 맺는다면 씁쓸할 수밖에 없었다. 이 일로 백제와 신라의 관계는 조금씩 멀어지기 시작했다.

그러다가 백제와 신라의 관계가 틀어지는 결정적인 사건이 일어났다. 373년에 백제의 독산성[7] 성주가 백성 300명을 이끌고 신라에 항복해 버린 것이다. 신라는 백제를 배신한 사람을 받아들인 셈이 되었고 이는 곧 백제와 등을 지겠다는 뜻이었다. 게다가 당시 신라는 가뭄과 흉년이 들어 300명이나 되는 사람을 받아들일 처지가 아니었다. 그런데도 독산 성주를 받아들인 것은 백제와 사이가 멀어져 가고 있었기 때문이다.

'두 나라가 화목해 형제처럼 지내기로 약속했는데, 대왕께서

6. 근초고왕 (?~375)
백제 제13대 왕(재위 기간 346~375)으로 중국의 요서, 산둥 지방, 일본의 규슈 지방까지 세력을 넓히는 등 백제의 힘을 크게 키웠다.

7. 독산성
지금의 경기도 오산시 세마동에 있는 산성이다.

8. 모용 선비
선비족인 모용씨가 세운 연나라다.

9. 고국원왕 (?~371)
고구려 제16대 왕(재위 기간 331~371)으로 이름은 사유이며 백제 근초고왕과 싸우다 세상을 떠났다.

우리나라에서 도망간 백성들을 받아들이니, 이는 화친하자는 뜻과 크게 어긋나는 것입니다. 당장 그들을 돌려보내기 바랍니다.'

근초고왕은 불같이 화를 내며 내물왕에게 이런 내용의 편지를 보냈다. 하지만 내물왕은 싸늘하게 답했다.

'백성이란 항상 같은 마음을 갖는 게 아닙니다. 왕이 힘들게 하면 나라를 떠나는 것이 백성입니다. 대왕께서 백성들을 편안하게 해 주지 않은 것은 반성하지 않고, 나를 이토록 심하게 원망할 수 있소이까?'

이 사건은 백제와 신라의 관계가 멀어진 결정적인 원인이 되었다.

그 무렵 중국 북방에서 모용 선비[8]가 무너지고 있었는데, 그 기회를 틈타 영토를 넓히기 위해 백제와 고구려가 심한 경쟁을 벌이고 있었다.

그러다 369년 9월 고구려의 고국원왕[9]이 2만 군대를 이끌고 백제의 치양을 공격했다. 이후 고국원왕과 근초고왕은 국가의 자존심을 걸고 치열하게 싸웠다.

371년 근초고왕은 3만 명의 군대를 이끌고 평양성을 습격해 고국원왕을 죽이는 큰 승리를 거두었다. 왕이 죽었으니 이제 고구려와 백제는 돌이킬 수 없는 원수 사이가 되어 버렸다.

백제의 독산 성주가 신라에 항복해 온 것은 이즈음에 일어난 일이었다. 백제는 신라가 한 짓이 괘씸했지만 고구려와 싸우느라 신라와 다툴 여유가 없었다.

이때 백제의 근초고왕이 병에 걸려 자리에 누워 있었는데 그 사실을 알아낸 고구려는 375년에 백제의 북쪽 요새인 수곡성을 공격해 무너뜨렸다. 하지만 병에 걸린 근초고왕은 그냥 두고 볼 수밖에 없었다.

근초고왕에 이어 근구수왕[10]이 왕의 자리에 오르자 백제는 377년 다시 평양성을 공격했다. 이 전쟁으로 고구려는 엄청난 피해를 입었지만 고구려의 역습에 물러난 백제의 피해도 만만치 않았다.

두 나라 모두 피해를 많이 입어서 함부로 전쟁을 벌이지 못했다. 하지만 언제라도 다시 싸울 듯이 서로 으르렁거렸다.

이런 상황에서 백제는 왜, 가야 등과 손잡고 고구려에 맞서려고 했다. 만약 백제가 왜, 가야와 손을 잡으면 이미 손잡고 있던 신라와 주위의 모든 나라들과 힘을 모아 고구려를 공격할 수 있었다.

하지만 신라와 손을 잡고 있으면서 신라의 원수 왜와도 손을 잡는다는 것은 쉬운 일이 아니었다. 결국 백제는 신라와는 독산 성주 사건 때문에 틀어져 왜, 가야와 손을 잡았다.

그러자 고구려는 신라와 손을 잡으려 했고 이로써 한반도는 고구려, 신라와 백제, 왜, 가야로 나누어진 대결 구도가 이루어지게 되었다.

10. 근구수왕 (?~384)
백제 제14대 왕(재위 기간 375~384)으로 근초고왕의 아들이다.

고구려와 손을 잡은 신라

백제와 고구려는 377년에 일어난 전쟁에서 모두 큰 피해를 입고 난 뒤 함부로 전쟁을 벌이지 않았다. 하지만 391년부터 상황은 달라졌다. 고구려 역사의 최고 영웅인 광개토대왕[11]이 나타났기 때문이다.

391년 왕위에 오른 광개토대왕은 과감하고 도전적인 성격이라 왕이 되자마자 적극적으로 영토를 넓히는 데 힘썼다. 이때 백제는 왕권 다툼이 벌어져 나라 안이 뒤숭숭했다. 광개토대왕은 이 기회를 놓치지 않았다.

"백제로 진격해 적현성을 차지하라."

백제는 적현성을 차지하기 위해 밀고 내려오는 고구려 군을 당해 내지 못했다. 왕권 다툼을 벌이는 통에 고구려에 맞설 준비가 되어 있지 않았기 때문이다.

그즈음 왜는 신라를 공격하기 위해 호시탐탐 기회를 노리고 있었다. 내물왕은 언제 왜군이 쳐들어올지 알 수 없는 상황에서 불안에 떨고 있었다. 그러던 중 392년 1월 고구려의 사신이 신라에 도착했다.

"왜군을 물리치는 것을 도와주겠소. 우리는 신라와 손을 잡길 바라오."

그렇지 않아도 오랜 동맹 국가였던 백제가 왜와 손잡는 바람에 어려움을 겪었던 신라는 고구려의 제안을 기꺼이 받아들였다. 물론 강대국 고구려와 동맹을 맺기 위해서는 고개를 숙여야 했기 때문에 나중에 왕이 되는 실성을 고구려에 볼모로 보

11. 광개토대왕 (375~413)
고구려 제19대 왕(재위 기간 391~413)으로 본명은 담덕이다. 영락이라는 연호를 써서 영락대왕이라고도 불렸으며 고구려의 영토를 크게 넓혔다.

냈다.

"신라가 진정으로 우리와 손잡을 뜻을 보여 주었으니 이제 안심하고 백제를 칠 수 있겠다. 당장 백제를 공격하라."

392년 7월에 4만 명의 고구려 군이 백제를 공격해 순식간에 성 10개를 빼앗았고 10월에는 백제의 북방 요새인 관미성을 공격해 20일 만에 빼앗았다.

백제는 고구려의 공격에 맞서지 못하다가 392년 11월 아신왕[12]이 왕권 다툼을 마무리하고 왕위에 오르면서부터 반격하기 시작했다.

백제의 반격과 더불어 다시 행동에 나선 것은 왜군이었다. 왜군은 백제가 고구려에 반격하는 것과 때를 같이해 신라를 공격해 왔다. 백제와 왜가 손을 잡았기 때문이다.

때는 내물왕 38년, 393년 5월이었다.

"성문을 굳게 닫고 철저하게 지켜라."

내물왕의 판단은 현명했다. 군사 수가 훨씬 많은 왜군과 정면으로 맞서 싸우는 것은 위험한 일이었다. 결국 왜군은 지치기 시작했고 식량이 떨어지자 후퇴할 기미를 보였다. 이 사실을 눈치 챈 내물왕은 병사들에게 명령했다.

"정예 병력 200명을 왜군이 후퇴할 길목에 보내라. 그리고 왜군이 후퇴하기 시작하면 1,000명의 병사들은 곧바로 성문을 열고 나가 왜군의 뒤를 쳐라."

금성(경주) 장악을 포기한 왜군은 바다에 있는 배로 돌아가기 위해 후퇴했지만 신라 군이 앞뒤에서 나타나 공격하자 정신을

12. 아신왕 (?~405)
백제 제17대 왕(재위 기간 392~405)이다. 고구려에 맞서 싸웠으나 모두 졌다.

차리지 못했다.

　신라는 길을 잘 모르는 왜군의 약점을 이용해 적은 병력으로 큰 병력을 무너뜨리는 데 성공한 것이다.

　이렇게 해서 왜군을 몰아내는 데 성공했지만 신라가 입은 피해는 엄청났다. 금성을 뺀 거의 모든 지역이 왜군의 발에 짓밟혀 아수라장이 되어 있었다.

　게다가 큰 가뭄이 들고 메뚜기 떼가 극성을 부려 농사를 다 망치는 바람에 백성들은 굶주림에 허덕였다.

　이렇게 신라가 어려움에 빠져 있던 399년에 왜는 또다시 많은 병사를 이끌고 공격해 왔다. 왜군의 침입으로 입은 피해를 복구하기는커녕 가뭄과 흉년으로 나라가 엉망이 되어 있어 신라 혼자 힘으로는 왜군을 막아 낼 수가 없었다. 신라가 기댈 곳은 고구려밖에 없었다.

　"급히 고구려에 사신을 보내 도움을 요청하라."

　내물왕의 도움 요청을 받은 광개토대왕이 말했다.

　"남쪽의 왜군을 쓸어 버려라. 그러면 신라는 고구려를 섬기게 될 것이다."

　광개토대왕이 5만 명의 군사를 보냈다는 소식을 들은 왜군은 겁에 질렸다.

　"고구려는 지금 대륙에서 가장 강한 군사력을 가진 나라다. 그런 고구려 군과 싸운다면 이길 가능성이 없다."

　비록 우세하긴 했어도 신라 군과 싸우는 것도 왜군에게는 쉬운 일이 아니었다. 거기에 가장 강한 군사인 고구려 군 5만까지 더해진다면 당해 낼 수가 없었다.

　왜군은 고구려 군이 몰려오고 있다는 소식만 듣고도 달아나기 시작했다. 고구려 군은 손쉽게 신라에서 왜군을 모두 몰아냈고 가야 쪽으로 도망간 왜군을 완전히 쫓아내 버렸다.

　내물왕은 금성과 궁궐이 왜군의 손 안에 들어갈 뻔한 위기를 가까스로 모면했지만 기쁘지만은 않았다.

　"고구려의 힘으로 나라를 구했으니 이제 신라는 고구려의 발아래 놓인 것이 아닌가? 선조들 앞에 어찌 고개를 든단 말인가?"

　신라는 이때부터 고구려를 섬긴다는 뜻으로 조공을 바쳐야 했다. 《삼국사기》에는 당시 내물왕의 마음이 다음과 같이 은유적으로 표현되어 있다.

　'45년 10월, 왕이 타고 다니던 궁중의 말이 무릎을 꿇고 눈물을 흘리며 슬프게 울었다.'

　《삼국사기》에는 고구려 군이 신라를 도와 왜군을 물리쳤다는 기록은 없다. 신라 왕족의 후예인 학자 김부식이 신라의 체면

150 신라사 이야기

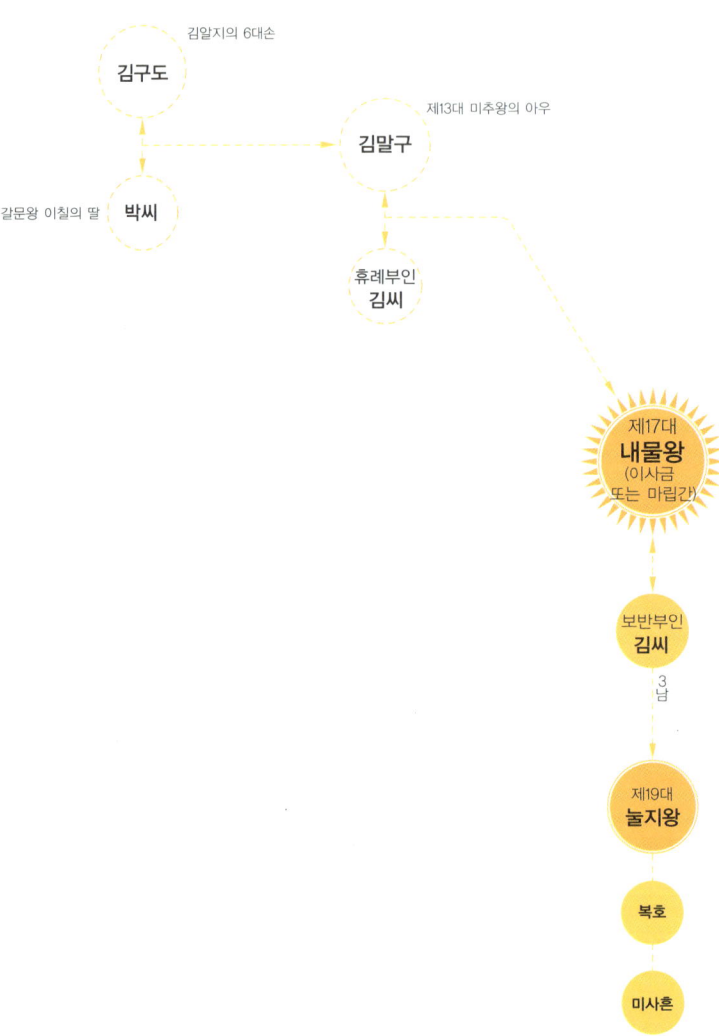

을 세우고 싶어 이 사실을 쓰지 않았을 가능성이 높다. 이와 관련한 기록은 고구려의 '광개토대왕 비문'에서 발견되었다.

내물왕은 고구려, 백제, 가야, 왜와 더불어 펼쳐지는 숨 막히는 싸움 속에서 고구려의 도움으로 커다란 위기를 겨우 넘기고 난 뒤 슬픔과 피로 때문인지 병이 들어 몸져눕고 말았다. 그러다 402년 5월에 숨을 거두었고 고구려에 볼모로 가 있던 실성이 돌아와 왕위를 이었다.

그 뒤로도 신라는 위험한 전쟁이 계속되는 길을 위태롭게 걸어가게 된다.

제18대 실성왕실록
조카를 해치려 한 실성왕

조카들을 볼모로 보낸 실성왕

내물왕은 392년에 사촌 동생인 실성을 고구려에 볼모로 보냈다. 이는 신라가 고구려를 섬기면서 왜의 침략에서 벗어나기 위해 이루어진 일이었다. 실성은 고구려에서 9년 동안 지내면서 내물왕이 자신을 고구려에 보낸 것에 불만을 품었다.

'어디 두고 보자.'

이런 마음을 먹고 있던 실성은 401년에 신라로 돌아와 내물왕이 세상을 떠난 직후인 402년에 신라 제18대 왕이 되었다. 내물왕의 아들 눌지가 너무 어려서 실성이 대신 왕위에 오른 것이다.

실성왕¹은 왕위에 오르자마자 왜에 손을 내밀었다. 이는 내물

---

1. 실성왕 (?~417)
신라 제18대 왕(재위 기간 402~417)으로 내물왕의 사촌 동생이다.

왕이 왜와 오랜 기간 전쟁을 각오하며 다투어 온 것과 완전히 다른 정책이었다.

"왜에는 미사흔을 볼모로 보내야겠다. 내가 당한 고통을 느끼게 해 주겠다."

실성은 자신을 고구려에 인질로 보낸 내물왕에게 복수라도 하듯이 내물왕의 셋째 아들 미사흔을 왜에 볼모로 보냈다. 실성왕이 왜와 화친하기 위해 어쩔 수 없이 미사흔을 인질로 보낸 것으로만 볼 수 없다는 것은 이후 사선에서 분명하게 드러난다.

신라와 왜의 화친은 오래가지 못하고 3년 만에 깨졌는데, 이 과정에서 실성왕은 미사흔의 안전 따위는 생각하지 않았기 때문이다.

신라와 왜의 화친이 깨진 것은 403년 7월쯤이었다. 이때 신라에는 아신왕이 이끄는 백제 군이 쳐들어왔다. 신하들은 다급하게 이 사실을 왕에게 알렸다.

"백제 군이 국경을 넘어 쳐들어왔습니다."

"뭐라고! 왜와 전쟁을 멈추고 나니까 이번에는 백제가 쳐들어왔단 말인가?"

"그렇습니다. 아무래도 백제가 왜와 손잡은 것을 믿고 쳐들어온 것 같습니다."

"왜와 손을 잡다니? 그러면 백제의 침입을 왜가 도왔다는 말인가?"

"백제의 아신왕은 태자를 왜에 볼모로 보내 손을 잡고 신라를 치려고 한 것 같습니다."

이 말을 들은 실성왕은 깊은 생각에 잠겼다. 왜군이 직접 신라를 공격한 것은 아니지만 신라를 침입한 백제와 손을 잡고 있으므로 왜에 대해서 어떤 식으로든 항의해야 했다. 이때 실성왕은 음흉한 생각을 했다.

'차라리 왜와 화친을 깨 버리자. 어차피 왜는 믿을 만한 나라가 아니다. 왜와 화친을 깨면 볼모로 가 있는 미사흔이 죽음을 당할지도 몰라. 미사흔은 신라에 돌아와 봤자 나에게 도움이 되지 않으니 이 기회에 없애 버리면 더 좋은 일이 아닌가?'

이렇게 생각한 실성왕은 곧 신하들에게 명령했다.

"백제 군과 손잡은 왜를 용서할 수 없도다. 우리를 배신한 나라와는 화친을 중단하도록 하라."

신하들은 실성왕의 명령을 듣고 미사흔의 목숨이 위험해질지 모른다고 걱정했지만 실성왕의 명령에 반대할 명분은 없었다.

그러자 왜는 405년 4월에 신라를 다시 침략했다. 군함을 이끌고 온 왜군은 명활산성(경주 외곽 산성)을 공격했다.

"왜군을 명활산성에서 반드시 막아야 한다. 간사한 왜놈들을 내 손으로 직접 응징할 것이니 어서 준비하도록 하라."

실성왕은 직접 전쟁터로 나아가 독산 남쪽에서 왜군을 물리쳤다. 그리하여 왜군은 300여 명의 군사를 잃고 도망갈 수밖에 없었다.

하지만 왜군의 침략은 계속되었다. 406년 7월 신라에서는 서

명활산성

명활산 꼭대기에 쌓은 둘레 약 6킬로미터의 석축 산성이다. 다듬지 않은 돌을 사용하는 신라 초기의 방식으로 쌓았으며 신라의 수도 경주를 지키는 데 큰 역할을 했다. 지금은 대부분의 성벽이 무너져 겨우 몇 군데서만 옛 모습을 볼 수 있다.

경상북도 경주시 천군동, 보문동

쪽 지방에 메뚜기 떼가 나타나 농사를 망쳐 버리는 일이 생기고 10월에는 금성에 지진이 일어나 사회가 어수선해졌다. 왜군은 이 틈을 노려 407년 3월에 신라의 동쪽을 공격했다. 또 6월에는 남쪽 해안에 올라와 백성들의 집에 불을 지르고 재산을 빼앗았으며 백성 100여 명을 잡아갔다.

실성왕은 크게 화를 내며 발을 동동 굴렀다.

"저렇게 날뛰는 왜군을 요절낼 방법이 없단 말인가? 모든 신하들은 대답해 보라."

"지금 왜는 대마도에 병영(군대가 생활하는 집)을 갖추어 놓고 신라를 침략할 기회를 엿보고 있습니다. 그래서 저들이 더욱 심하게 날뛰는 듯하옵니다."

"그래? 그렇다면 대마도를 공격해야 할 것이 아니냐?"

실성왕은 대마도를 공격하겠다고 마음먹고 408년 2월에 신

2. 미사품 (?~?)

실성왕 때의 대신으로 403년에 서불한이란 직책에 임명되어 실성왕의 대마도 정벌을 만류했다.

하들을 불러 모아 회의를 열었다.

"왜군이 날뛰는 꼴을 그냥 보고 있을 수 없다. 그래서 대마도를 정벌하려 하는데 그대들의 생각은 어떤가?"

신라의 신하들도 모두 왜군의 침략에 크게 화가 나 있는 터여서 대마도를 정벌하고 싶은 마음이 굴뚝같았다. 하지만 재상 미사품[2]이 나서서 이를 반대했다.

"마음 같아서는 대마도뿐 아니라 왜의 본토까지 정벌하고 싶지만, 이는 무리한 일이옵니다."

"왜군이 대마도에 병영을 갖추어 놓고 있다지 않은가? 대마도만 정벌해도 왜군이 신라를 침략하기에 쉽지 않을 터인데 어찌 이를 반대하는가?"

실성왕은 대마도 정벌을 주장하며 미사품에게 두 눈을 부릅떴지만 미사품은 차분하게 대마도 정벌을 반대하는 이유를 설

명했다.

"왜군은 군함을 타고 다니며 신라의 어느 곳이든 침략할 수 있습니다. 신라 군이 대마도를 공격하고자 해도 왜군은 대마도에 머무르지 않고 배를 타고 바다에 나아가 신라 군을 따돌릴 것입니다. 그러고는 신라 군이 떠나고 없는 금성을 공격할 게 틀림없습니다. 그렇게 되면 막아 낼 방법이 없습니다."

실성왕은 미사품의 설명을 듣고 골똘히 생각에 잠겼다.

"그리고 만약 왜군과 대마도에서 전쟁을 치른다 하더라도 실패했을 경우에는 더 이상 왜군을 막아 낼 힘을 잃게 됩니다."

미사품을 말을 다 듣고 난 실성왕은 답답해하며 물었다.

"그렇다면 그냥 당하고만 있어야 하는가?"

"험한 지역에 요새를 만들어 왜군을 막는 것이 가장 좋은 방법이라고 생각합니다."

"그런 방법밖에 없단 말인가?"

미사품의 주장으로 대마도 정벌을 포기한 실성왕은 왜군으로부터 신라를 지켜 내기 위해 다시 고구려와 손을 잡기로 했다.

그리하여 실성왕은 이번에는 내물왕의 둘째 아들 복호를 고구려에 볼모로 보내 위급한 때 고구려에 지원군을 요청하기로 했다.

그 뒤로도 왜군은 신라의 해안을 아무 때나 침입했고 415년에는 포항 앞바다의 풍도에 들어와 공격할 준비를 하고 있었다. 이 사실을 알게 된 실성왕은 많은 수의 군사를 끌어 모아 침략에 대비하게 하고, 왜군이 머물고 있는 풍도로 먼저 다가가 왜군과 한바탕 큰 싸움을 벌여 쫓아내도록 했다.

이렇듯 힘겹게 왜군을 물리쳤지만 왜군의 잦은 침입으로 신라 사회는 점점 불안해지고 있었다. 그리고 실성왕에게는 왜군의 침입 말고도 큰 걱정거리가 생겼다. 내물왕의 아들 눌지가 왕위를 위협해 오는 것을 느낀 것이다.

눌지는 나이가 어리다는 이유로 왕위에 오르지 못했을 뿐 본래 태자였으므로 언제든지 실성왕을 밀어내고 왕이 될 수 있었다. 게다가 '눌지의 능력과 인품이 뛰어나니 왕의 기풍을 갖추었다.'는 소리가 실성왕의 귀에까지 들릴 정도였다.

이에 실성왕은 눌지를 없앨 음모를 꾸미게 되어 실성과 눌지 사이에서는 목숨을 건 피의 싸움이 벌어지게 된다.

실성왕의 음모와 눌지의 위기 탈출

실성왕은 내물왕의 태자 눌지가 나이가 어렸기 때문에 왕위에 오를 수 있었다. 이런 경우 신라에서는 태자가 나이가 들면 다시 왕위를 넘겨주고는 했다.

남해왕의 사위인 탈해왕은 왕위에 올랐다가 뒷날 유리왕의 후손인 파사왕에게 왕위를 넘겨주었다. 그리고 미추왕도 조분왕의 사위로서 왕위를 이었다가 조분왕의 태자인 유례에게 왕위를 물려주었다. 이와 마찬가지로 실성왕도 당연히 눌지에게 왕위를 넘겨주어야 했다.

하지만 실성왕은 내물왕의 아들들을 싫어했으며 눌지에게 왕위를 물려줄 마음도 없었다. 그래서 눌지가 나이가 차면서 좋은 평판을 얻을수록 실성왕의 마음속에는 음흉한 생각이 자라났다.

'이대로 눌지에게 왕위를 물려줄 수는 없지. 눌지를 없애 버릴 방법이 없을까?'

골똘히 생각하던 실성왕은 마침내 한 가지 음모를 꾸미게 되었다. 그리고 자신이 고구려에 있을 때 알고 지내던 고구려 사람 한 명을 비밀리에 불러들였다.

"그대에게 은밀하게 부탁할 것이 있소. 이 일만 잘해낸다면 큰 상을 내리겠소."

"무슨 일인지 말씀만 하시옵소서."

"눌지를 없애는 일이오."

"눌지를요? 어떻게 말입니까?"

"내가 구실을 만들어 고구려 군대를 불러들여 눌지가 그대와 고구려 군을 맞이하도록 할 것이오. 그때 그대는 눌지를 기다리고 있다가 그대로 죽여 버리시오."

"그렇게만 하면 되겠습니까?"

"나머지 일은 내가 알아서 할 테니, 그대는 눌지만 확실하게 죽이면 되오."

"알겠습니다."

이렇게 음모를 꾸민 실성왕은 적당한 구실을 만들어 고구려 군을 불러들였다. 그리고 눌지를 불러 말했다.

"고구려 군이 우리를 도우러 오고 있으니 직접 나아가 그들을 맞이하도록 하라."

눌지는 실성왕의 음모를 꿈에도 모른 채 실성왕의 지시를 받은 고구려 사람이 이끌고 오는 고구려 군을 맞으러 떠났다. 눌지는 예의 바르게 고구려 군을 맞이했다.

"먼 길 오시느라 얼마나 고생하셨습니까? 저는 여러분을 맞이하러 온 눌지입니다. 신라의 손님들을 정성을 다해 모실 것이니 마음 편히 계시기 바랍니다."

당당하고 예의 바른 눌지의 모습을 본 고구려 사람은 그의 기상과 인품에 크게 감탄했다.

'눌지의 기상이 보통이 아니로구나. 왕이 될 만한 인물이로다. 실성왕이 지레 겁을 먹을 만도 하겠구나.'

사실 고구려 사람의 입장에서는 눌지를 죽여서 얻게 될 이득은 별로 없었다. 더구나 눌지가 왕이 될 만한 인품을 지닌 것을 보고 오히려 그와 잘 지내는 것이 나중에 큰 도움이 되겠다는 생각이 들었다. 그리하여 실성왕의 부탁을 저

버리고 눌지에게 실성왕의 음모를 모두 털어놓았다.

"실은 그대 나라의 국왕이 내게 그대를 죽이라고 했으나, 그대를 보니 차마 죽일 수가 없소이다."

눌지는 이 말을 듣고 깜짝 놀랐다.

"아니, 왕께서 왜 나를 죽이려 한단 말입니까?"

"신라의 왕이 무슨 생각을 하는지 정확히 알 수 없소. 그러나 오늘 왕이 될 만한 기상과 인품을 지닌 그대를 보니, 그대에게 왕위를 빼앗길까 걱정하는 것 같다는 생각이 드오."

눌지는 너무 놀라고 화가 나서 한동안 아무 말도 할 수 없었다. 하지만 곧 정신을 차리고 어떻게 할지 결정했다.

"우리 국왕의 은밀한 부탁을 이렇게 저버렸으니 이제 그대의 목숨이 위험해진 것이 아니오?"

"그야 그렇소만……."

"그렇다면 이 기회에 실성왕을 없애 버리고 내가 왕이 될 수 있도록 돕는 것이 어떻겠소? 어차피 이제 곧 나의 시대가 올 것이니 그대에게 큰 도움이 될 것이오."

고구려 사람은 뛰어난 기상을 지닌 젊은 왕자와 손을 잡는 것이 자신에게나 고구려에 훨씬 유리할 것이라고 생각했다.

"좋소. 그렇게 하겠소."

이렇게 해서 눌지는 고구려 군과 더불어 실성왕이 있는 금성으로 나아갔다.

눌지를 죽였다는 소식만 기다리고 있던 실성왕은 미처 맞설 틈도 없이 눌지와 고구려 군에게 붙잡혀 죽고 말았다. 제 꾀에

제가 넘어간 꼴이었다.

이로써 실성왕의 시대는 막을 내리고 눌지가 왕위에 올랐으니 이때가 417년 5월이었다.

제19대 눌지왕실록

볼모로 잡힌 동생들을 구한 눌지왕

충신 박제상의 왕자 구출 대작전

왕위에 오른 눌지왕¹은 가장 먼저 고구려와 왜에 볼모로 가 있는 동생들을 떠올렸다. 눌지왕은 동생들을 신라로 데려와 위험한 볼모 생활을 끝낼 수 있도록 하고 싶었다. 하지만 고구려와 왜의 감시를 받고 있는 동생들을 무작정 데려올 수도 없는 노릇이었다.

눌지왕은 신하들을 불러 모아 의논했다.

"지금 고구려에는 복호가, 왜에는 미사흔이 인질로 붙들려 있으니 하루빨리 이들을 구출해 오려 한다. 그대들은 좋은 방법을 말해 보라."

"고구려와 왜의 왕실을 설득할 수 있는 인재를 보내 모셔 오는 것이 좋을 듯합니다."

눌지왕시대의 세계 약사

중국은 5호16국시대가 끝나고, 386년에 선비족의 탁발규가 북위를 세우고 420년에 유유가 남송을 세워 남북조시대로 접어들었다. 이에 따라 남송과 북위 사이에 치열한 다툼이 펼쳐졌다.

서양에서는 동로마와 사산 페르시아가 서로 화해하고, 페르시아에서도 기독교를 인정하는 조치가 내려졌다. 로마 변방의 외족들은 날로 성장해서 고트족이 스페인을 정복하고, 반달 왕국의 게이세리쿠스 왕은 카르타고를 정복해 수도로 삼았으며, 앵글로색슨 및 유트족이 영국에 쳐들어왔다.

"그런 인재가 어디 있단 말인가?"

"수주촌(경상북도 영천)의 벌모말과 일리촌(경상북도 성주)의 구리내, 이이촌(경상북도 영주)의 파로가 뛰어난 인재라고 합니다."

"그들을 당장 불러들여라."

신하들의 추천을 받은 세 사람은 모두 마을의 촌장이었다. 그들은 경험이 많고 사람을 잘 다루어 이름이 높았다.

"그래, 그대들 가운데 누가 내 동생들을 안전하게 데려오겠는가?"

하지만 선뜻 나서는 사람이 없었다. 볼모로 가 있는 왕의 동생들을 데려오기 위해서는 목숨을 걸어야 하기 때문이었다. 세 사람은 목숨을 잃을까 두려워서 자신들 대신 다른 사람을 추천했다.

"삽량주(경상북도 양산)의 박제상이야말로 이 일을 해내기에 알맞은 인물인 줄 아뢰옵니다."

"박제상? 그가 그렇게 뛰어난 인재인가?"

세 사람이 입을 모아 박제상을 추천하자 왕은 곧바로 박제상을 불러들였다.

"그대가 나의 동생들을 구해 오겠는가?"

박제상은 촌장 세 사람이 자신들의 목숨이 아까워 선뜻 나서지 못한 것과는 달리 왕의 명령을 충성스럽게 받들었다.

"신은 비록 어리석고 보잘것없으나 어찌 감히 명을 받들지 않겠습니까? 목숨을 걸고 명을 받들겠습니다."

박제상은 먼저 고구려로 떠났다. 당시 고구려는 장수왕[2]이 다

---

1. 눌지왕 (?~458)

신라 제19대 왕(재위 기간 417~458)으로 내물왕의 맏아들이다.

2. 장수왕 (394~491)

고구려 제20대 왕(재위 기간 413~491)이다. 광개토대왕의 맏아들로 남하 정책을 펼쳤으며 도읍을 국내성에서 평양으로 옮겼다.

스리고 있었다. 박제상은 장수왕 앞에 나아가 복호를 데려가기 위해 설득하기 시작했다.

"지금 소인의 왕께서는 동생들을 애타게 보고 싶어 하십니다. 부디 왕께서는 우리 임금의 바람이 헛되지 않도록 해 주시옵소서."

하지만 장수왕은 복호를 볼모로 데리고 있는 것이 고구려에 이익이 되기 때문에 순순히 내주지 않았다.

"그대 임금의 아우가 고구려에 머무르는 것은 고구려와 신라가 화친을 하기 위해서이지 않은가? 그를 데리고 간다면 신라가 고구려와 계속 화친을 할지 말지 어떻게 믿을 수 있는가?"

그러자 박제상이 대답했다.

"제가 듣건대 이웃 나라와 사귀는 도리는 성실과 믿음뿐이라고 했습니다. 만일 인질을 서로 주고받는다면 오패[3]만도 못한 것이니 손가락질을 받을 것입니다."

당시 고구려는 강한 힘을 가지고 있다는 것을 자랑하고 싶어 한다는 사실을 알고 있던 박제상은 고구려의 자존심 문제와 연결해 말했다.

"우리 왕의 아우가 여기 온 지 거의 10년이 되었습니다. 하지만 우리 왕은 아우를 잊지 못하고 있습니다. 만약 대왕께서 은혜를 베풀어 돌려보내 주신다면, 대왕께는 아홉 마리 소에게서 떨어지는 털 하나만큼도 손해 될 것이 없습니다. 우리 왕은 대왕의 헤아릴 길 없는 덕으로 여길 것입니다. 이를 통해 대왕의 덕이 세상에 널리 알려질 뿐만 아니라 우리 왕이 고구려를 더

3. 오패
중국 춘추시대 제후 가운데 다섯 명의 패자다. 다시 말해 제나라 환공, 진(晉)나라 문공, 진(秦)나라 목공, 송나라 양공, 초나라 장왕을 이른다.

욱 가까운 사이로 여길 것이옵니다. 왕이시여, 그 점을 헤아려 주소서."

장수왕은 박제상의 뛰어난 논리와 말솜씨에 감탄해 복호를 데려갈 수 있도록 했다.

박제상이 복호를 데리고 돌아오자 눌지왕은 매우 기뻐했다. 그러나 곧 다시 슬픈 표정으로 말했다.

"나는 두 아우를 두 팔처럼 여기는데, 이제 겨우 한 팔만 찾았으니 나머지 팔은 어이할꼬?"

왕의 말을 들은 박제상은 목숨이 아깝다는 생각은 조금도 하지 않고 기꺼이 미사흔을 구하러 가겠다고 했다. 하지만 쉬운 일이 아니라는 사실을 누구보다 잘 알고 있었다. 더구나 고구려와 달리 왜는 신라와 사이가 좋지 않았다.

"왕이시여, 고구려는 대국이고 왕도 어질다는 사실을 알고 있었기 때문에 말로 설득할 수 있었지만, 왜인들은 말로 달랠 수 없습니다. 그렇기 때문에 속임수를 써야 합니다. 신이 왜로 가거든 대왕께서는 신에게 반역죄를 씌우고, 그 소식이 저들의 귀에 들어가게 하소서."

"반역죄를 씌우라고?"

"그렇게 하면 그들이 저를 믿고 맞이해 줄 것입니다. 저는 그들이 저를 믿는 틈을 타서 미사흔 님을 모셔 오겠습니다."

"알겠노라. 그렇게 하겠노라."

이렇게 눌지왕과 계획을 짠 박제상은 곧바로 왜로 떠났다. 그는 이미 죽기를 각오했기 때문에 가족들도 만나지 않고 배에 올랐다.

박제상이 왜로 떠난다는 소식을 들은 그의 아내는 한걸음에 부둣가로 달려왔다. 하지만 박제상이 탄 배는 이미 떠난 뒤였다. 박제상의 아내는 남편을 싣고 떠나는 배를 보며 펑펑 울면서 소리쳤다.

"잘 다녀오세요. 제발……."

그러나 박제상은 이렇게 대답했다.

"나는 왕의 명을 받들어 왜국으로 가는 길이니, 나를 다시 만나리라는 기대는 하지 마시오."

그렇게 신라를 떠난 박제상은 왜국에 들어가자마자 왜 왕을 만나 말했다.

"저는 신라에서 반란을 일으키려다 들통나서 도망쳐 왔습니다. 왕께서는 높은 덕으로 저를 받아 주시기 바라옵니다."

하지만 왜 왕은 박제상의 말을 쉽게 믿지 않았다.

"그대의 말을 믿기 힘들군. 무슨 꿍꿍이가 있어서 여기에 온 것은 아니냐?"

자신을 의심하는 왜 왕의 말에 박제상은 매우 불안해졌다. 하지만 이때 박제상을 도와주는 일이 일어났다.

박제상이 도착하기 얼마 전 백제 사람이 왜국에 가서 신라와 고구려가 힘을 모아 왜를 공격하려 한다고 거짓말한 적이 있었다. 그 때문에 왜 왕은 남몰래 신라에 첩자를 보냈다. 하지만 그 첩자는 신라의 사정을 살피기도 전에 고구려 군에 들켜 죽음을 당하고 말았다.

이 일 때문에 왜 왕은 고구려와 신라가 손잡고 왜를 치려 한다는 백제 사람의 거짓말을 사실이라고 믿게 되었다. 그래서 먼저 신라를 공격해야겠다고 마음먹고 있었던 것이다.

왜 왕은 신라를 공격하려면 길잡이가 필요했는데, 박제상이 그 역할을 할 수 있을 거라고 생각했다. 마침 신라에 있는 박제상과 미사흔의 가족이 옥에 갇혔다는 소식을 들은 왜 왕은 그의 말을 믿기로 했다.

왜 왕은 신라를 공격하기 위해 왜군을 출발시키고 박제상과 미사흔도 함께 보냈다. 왜군 장수들은 신라에서 멀지 않은 섬에 군대를 모아 놓고 공격 준비를 했다. 그들은 비밀리에 모여서 박제상과 미사흔에 대해 의논했다.

"박제상과 미사흔을 완전히 믿어도 되겠습니까?"

"저들이 언제 우리를 배반할지 알 수 없는 것 아니겠습니까?"

"그렇다면 이번에 신라를 공격하면서 그들의 가족을 모조리 잡아 오도록 합시다."

"좋습니다. 그렇게 하면 박제상과 미사흔도 다른 마음을 품지 못할 것입니다."

박제상은 이 사실을 알고 있었지만 모르는 척했다. 오히려 미사흔과 함께 배를 타고 놀면서 낚시나 즐기고 오리 사냥을 했다. 이 모습을 본 왜의 장수들은 박제상이 다른 마음을 품고 있지 않다고 생각했다.

왜인들이 의심의 눈초리를 거두자, 박제상은 미사흔에게 슬쩍 다가가서 말했다.

"사실 저는 우리 임금의 명령을 받고 왔습니다. 지금 안개가 짙게 끼어서 도망치기에는 더없이 좋을 때입니다. 지금 당장 신라로 가십시오."

"고맙소. 항상 언제 죽을지 몰라 무서웠는데, 이제야 안심이 되는구려. 장군도 나와 함께 갑시다."

하지만 박제상은 고개를 저었다.

"왜인들을 완전히 속이기 위해서는 제가 여기 남아 있어야 합니다."

"내가 장군을 아버지처럼 따르고 있는데, 어찌 나 혼자 가겠소이까?"

그러자 박제상은 단호하게 말했다.

"만약 두 사람이 함께 떠난다면 무사히 달아나지 못할 것입니다. 그러니 혼자 떠나셔야 합니다."

결국 미사흔은 박제상의 목을 안고 울면서 마지막 인사를 하고 신라로 떠나는 배에 몸을 실었다. 미사흔이 떠난 뒤, 박제상은 미사흔의 방에서 자다가 다음 날 늦게 일어났다. 시간을 벌어 미사흔이 멀리 도망가도록 하기 위해서였다.

박제상이 늦게까지 나오지 않자, 왜인들이 물었다.

"왜 이렇게 늦게 일어나셨소?"

박제상이 대답했다.

"어제 배를 너무 많이 탔더니 피곤해서 일어날 수가 없었소."

왜인들은 이상한 생각이 들어 미사흔이 방 안에 있는지 확인하기 위해 문을 열고 안으로 들어가려 했다. 그러자 박제상이 그들을 막았다.

"왕자님께서는 어제 사냥을 해서 몹시 고단하실 거요. 그러니 깨우지 마시오."

저녁 무렵이 되어서 왜인들이 다시 박제상에게 와서 미사흔이 어디 있느냐고 물었다. 그제야 박제상은 호탕하게 웃으면서 말했다.

"왕자님은 떠난 지 오래다."

"뭣이? 이놈이 죽으려고 환장을 했구나."

왜인들은 크게 화를 내며 박제상을 묶어 놓고 배를 풀어 미사흔의 뒤를 쫓았다. 그러나 안개가 너무 짙게 끼어 쉽게 쫓아갈 수 없었고 덕분에 미사흔은 무사히 신라로 돌아갈 수 있었다.

미사흔을 놓친 왜 왕은 몹시 화를 내며 박제상에게 호통쳤다.

"어째서 미사흔을 몰래 빼돌렸느냐?"

박제상은 왜 왕을 똑바로 쳐다보며 당당하게 말했다.

"나는 신라의 신하이지, 왜의 신하가 아니기 때문이다."

"너는 목숨이 아깝지 않느냐? 지금이라도 나의 신하가 되겠다면 그대의 목숨을 살려 줄 수도 있다."

"차라리 신라의 개, 돼지가 될지언정 왜국의 신하는 될 수 없고, 신라의 매를 맞을지언정 왜의 벼슬과 녹을 받을 수 없다."

이미 목숨을 포기한 박제상은 담담한 얼굴을 하고 있었다. 왜 왕은 이를 바득바득 갈면서 소리쳤다.

신라사 이야기

제19대 눌지왕 가계도

"저놈을 당장 끌고 가서 불에 태워 죽여라!"

결국 박제상은 화형을 당해 죽었다.

박제상이 죽었다는 소식을 들은 눌지왕은 그에게 높은 벼슬을 내리고 박제상의 가족에게 많은 재물을 주었다. 또한 박제상의 둘째 딸을 미사흔의 아내로 삼게 했다.

이렇게 자신의 목숨을 바쳐 신라의 왕자들을 구해 낸 박제상은 신라의 충신을 대표하는 사람이 되었다.

신라사 깊이 읽기

박제상의 아내는 왜 망부석이 되었을까?

망부석(望夫石)이란 남편이 돌아오기를 바라고 기다리다 죽어서 돌이 되었다는 뜻입니다. 이런 망부석에 얽힌 이야기가 경상도 바닷가 지방에 널리 퍼져 있습니다.

그 설화의 중심에는 신라 눌지왕 때의 충신 박제상과 그의 아내가 있습니다.

박제상이 뛰어난 말솜씨와 지혜로 고구려에 볼모로 가 있던 눌지왕의 아우 복호를 데리고 오자, 눌지왕은 일본에 볼모로 가 있는 아우 미사흔을 생각하며 눈물지었습니다.

그 모습을 본 박제상은 집으로 가지 않고 곧바로 발길을 돌려 일본으로 향했습니다. 자신을 눈이 빠지게 기다리고 있을 아내와 딸들을 뒤로한 채 말입니다.

부인이 그 소식을 듣고 부리나케 율포 해변으로 갔지만 박제상은 이미 배에 올라타 있었습니다. 부인이 간절하고 애타게 불렀건만 박제상은 손만 흔들 뿐 되돌아오지 않았습니다.

그러자 부인은 모래밭에 아무렇게나 누워 오래도록 울었습니다. 부인이 오래도록 운 모래밭이라 해서 그곳의 모래벌판을 장사(長沙)라 합니다. 보다 못한 친척들이 부인을 일으켜 세우려 했으나 부인의 다리가 풀려 주저앉고 말았답니다.

한편 일본에 간 박제상은 일본의 믿음을 얻은 뒤 눌지왕의 아우 미사흔을 신라로 탈출시키고, 자신은 불에 타 죽고 말았습니다.

박제상의 아내는 남편이 돌아오지 못하게 되었는데도 '치

은을암

박제상 부인의 넋을 달래기 위해 지은 사찰이다. 박제상 부인이 이곳에서 박제상을 기다리며 통곡하다가 죽어 망부석이 되었다는 전설이 전해진다.

울산광역시 울주군 두동면

술령'이라는 높은 고갯마루에 올라가 일본 쪽을 바라보며 한없이 통곡하고 그리워하다 돌이 되었다는 애달픈 이야기가 바로 망부석 설화입니다.

그래서 그곳 사람들은 박제상의 아내가 치술령의 산신이 되었다고 믿으며 사당을 지어 아내의 지조를 지금껏 칭송하고 있답니다.

박제상 부인에 대한 또 다른 설화로는 부인이 죽어서 새가 되었다는 이야기가 있습니다.

이 같은 설화는 남편을 기다리다 죽은 부인을 안타깝게 여긴 후세 사람들이 새가 되어서라도 훨훨 날아가 남편을 만나 볼 수 있기를 바란 데서 나온 이야기라고 볼 수 있습니다.